storytel

Storytel — жизнь в историях

ГЕРТ НЮГОРДСХАУГ

Кодекс смерти

РИПОЛ
КЛАССИК

Москва
2022

УДК 82-312.4
ББК 84(4Нор)
Н96

storytel

Storytel — жизнь в историях

GERT NYGÅRDSHAUG
Dødens codex
1994

Перевел с норвежского Л. Жданов

Нюгордсхауг Г.

Н96 Кодекс смерти : [роман] / Герт Нюгордсхауг ; [пер. с норв. Л. Жданова]. — М. ; СПб. : Группа Компаний «РИПОЛ классик» / «Пальмира», 2022. — 252 с. — (Серия «Скандинавский детектив»).

ISBN 978-5-386-12885-2

Фредрик Дрюм, гедонист и любитель древностей, отправляется в Италию по приглашению университета Рима, чтобы расшифровать один загадочный древнегреческий текст. Однако вместо этого его ждет настоящая драма, в которой участвуют античная философия, мрачное Средневековье и неуловимый убийца, который не оставляет следов.

УДК 82-312.4
ББК 84(4Нор)

ISBN 978-5-386-12885-2

1

Фредрик Дрюм изучает Ионическое море без особой радости, тоскуя по своей возлюбленной и доброй бутылке «Барбареско»

Он сел, собираясь с мыслями. Осмотрелся кругом. Прямо под ним, в двухстах метрах внизу, простиралось Ионическое море. За спиной возвышалась крутая кирпично-красная с зелеными пятнами скальная стена. Выступ, на котором он находился, покрывал толстый слой жесткой сухой травы. Это благодаря ей он не ушибся при падении. Приземлился мягко, без травм.

Фредрик Дрюм громко чихнул четыре раза, встал, стряхнул с одежды землю и песок. *Что же такое случилось, черт возьми?!*

Он проиграл в уме невероятные события последних пяти минут. Фредрик Дрюм сидел, поставив чемодан между ногами, на одном из передних сидений автобуса, любуясь калабрийским ландшафтом и предвкушая встречу с деревушкой Офанес, расположенной недалеко от Кротоне. Следя по карте, он ждал, что вот-вот, может быть, за следующим поворотом увидит Офанес, когда автобус остановили трое полицейских. Остальные пассажиры — пожилая женщина, два подростка и патер в широкополой шляпе — пожали плечами и что-то пробормотали о проверке. Два полицейских вошли в автобус и быстро заговорили с шофером по-итальянски; тот кивнул и показал на Дрюма. Не успел Фредрик открыть рот и вымолвить: «Abbaglio» (ошибка), как его вытащили из автобуса на обочину и силой отвели через маленькое поле на край крутого откоса, обращенного к морю. Не задавая никаких вопросов, вообще не говоря ни слова, они толкнули его вниз, он беспомощно покатился кувырком по откосу и сорвался в пропасть. Однако падение остановила эта полка, на которую он так удачно приземлился.

Он даже не успел испугаться.

И вот он сидит на скальном выступе, точно птица на гнезде, в области Калабрия на самом юге Италии, с отличным видом на Ионическое море. И гнездиться здесь ему, похоже, придется долго: спуститься не сможет; да и вряд ли поднимется.

Полка была площадью с обычную гостиную. На часах — без четверти шесть; последний день июля, и солнце уже опустилось достаточно низко. Женевьева стоит, несомненно, на автобусной остановке в Офанесе и не может взять в толк, куда он пропал. Женевьева, возлюбленная, которую он не видел три года.

Фредрик Дрюм отковырнул от стенки камень и метнул вниз. И не смог увидеть, где он приводнился. Обратясь лицом к лежащему где-то за горизонтом греческому материку, прокричал громко и внятно:

— Аргабиел! Куабрис, Дефрабакс, Докрабакс, Такулбаин, Химесор, Юпитер, Тор и Тюкье!

Обращение ко всем этим богам несправедливости смягчило чувство безысходности, он прислонился спиной к скальной стенке и стал размышлять.

Покушение. Его явно хотели убить. Трое итальянских полицейских, не говоря ни слова, схватили его и попытались сбросить в море. У калабрийских властей принято так обращаться с туристами? Ни с того ни с сего, просто так захотелось, сбрасывать с обрыва ничего не подозревающих гостей? Может быть, в этих краях существует некий кошмарный обычай, о котором не упоминается в путеводителях?

«Проверка», — пробормотали остальные пассажиры автобуса. Ничего себе проверка.

Camogli. Он знал, что на завтра, первое августа, в этом округе приходится официальный праздник камольи, день Мадонны Стеллы Марии. О том, как отмечается этот праздник, он знал только то, что какую-то роль играют свечи и вода. Похоже, для начала полиция сбрасывает в море ни в чем не повинных иностранцев… Красивый, восхитительный обычай.

— Ерунда! — сказал он громко и встал.

Обратился еще к полудюжине экзотических и коварных богов, но ответа не получил. Кричать здесь было все равно что надрывать глотку в огромном стеклянном сосуде. Звук пропадал, едва вырвавшись изо рта.

Он принялся тщательно исследовать площадку. Кругом виднелись еще выступы, и было очевидно, что, сорвись он вниз в другом месте, все равно приземлился бы на одном из них. Перебираясь с выступа на выступ, он мог бы спуститься метров на пятьдесят-шестьдесят, но что толку? Поверхность моря его не притягивала, следует выбраться *наверх*. А это, судя по всему, невозможно. Правда, до края обрыва всего каких-нибудь три метра, но эта часть скалы гладкая, без трещин и выступов.

Полицейские знали, что здесь много таких полок? Или предполагали, что скала обрывается отвесно в море? Что бы они ни знали, что бы ни предполагали, их действия находились за гранью всяких этических норм.

Факт оставался фактом. Сколько ни исследуй, сколько ни размышляй, без посторонней помощи наверх не подняться. Даже знаменитый скалолаз, народный герой Бернардо Росси не справился бы тут без специального снаряжения. Сознавая свое бессилие, Фредрик Дрюм лег на траву и уставился на голубое небо над собой.

Определенно тут произошла какая-то ошибка. Он знал, что на этих широтах чего только не бывает. Не так уж далеко отсюда до Сицилии с ее мафией, тайные ходы которой не доступны разуму простого человека. Когда же она действует в открытую, то особенно не церемонится и не тратит лишних слов. Да уж, за те секунды, что он общался с полицейскими, ему не довелось услышать ничего вразумительного.

Ну конечно! Его приняли за какого-то мелкого судейского чина, который вознамерился сунуть нос в их внутренние дела, и решили расправиться с ним. Эти полицейские — члены мафии, охотящиеся на судейских. Фредрик Дрюм знал, что судьи — желанная цель для пуль и ножей мафиози. Но ведь должны они были видеть, что он иностранец, хотя бы по его светлой коже? А впрочем, у пьемонтцев тоже светлая, нежная кожа... Как же они удивятся и разочаруются, когда, исследуя его чемодан, увидят бирку с надписью «Фредрик Дрюм, Норвегия».

Чемодан... Он совсем приуныл, представив себе Женевьеву, как она стоит на автобусной остановке, видит — из автобуса выбрасывают его чемодан, а где же сам Фредрик? В чемодане находились подарки для нее — чудесная золотая лопарская брошь ручной работы и бутылка изысканного пьемонтского вина «Кастелло ди Неиве, Барбареско» 1971. Neive, neve — снег; «Снежный Замок», красивое название, такое подходящее для подарка от норвежца.

Он беспокойно приподнялся на локтях. До самого горизонта простиралось Ионическое море, зеленое, тихое, пустынное. Жизнь и удивительные похождения Фредрика Дрюма научили его не торопиться объяснять происходящее случайным стечением обстоятельств и недоразумениями. Слишком часто в основе лежал план — расчетливый, жестокий, злодейский. План, который ткал свою паутину со смертоносной пунктуальностью.

Фредрик Дрюм давно избавился от благодушной доверчивости перед лицом того, что принимало вид «случайности». Вот почему тревога, которую он ощущал теперь, была вполне оправдана. Покуда не доказано противное, он предпочитал исходить из того, что талмуд говорил про бытие: *«Если бы глаз видел дьяволов, населяющих мир, жизнь стала бы невозможной»*.

И он закрыл глаза, осмысливая свое положение.

Фредрик Дрюм. Тридцать пять лет. Холостяк, сохраняющий верность девушке, которую встретил три года назад, которую поразил тяжелый недуг, но которая теперь выздоравливает благодаря чудодейственному лечению. Он совладелец заслужившего известность маленького ресторана «Кастрюлька» на улице Фрогнер в Осло; его компаньон — Тоб, Турбьерн Тиндердал. «Кастрюлька» — единственный норвежский ресторан, отмеченный двумя звездочками в путеводителе Мишлена. Фредрик Дрюм страстно увлекается хорошими винами и со временем завоевал признание как один из ведущих знатоков вин в Норвегии. Не такое уж этически похвальное, отдающее легкомыслием увлечение вполне уравновешивалось достаточно критическими, даже оппозиционными воззрениями, — так, он, по меньшей мере, четыре раза участвовал в экстремистских манифестациях. В своем ресторанном бизнесе они с Тобом руководились отнюдь не низменным стремлением к наживе, делили прибыль поровну со всеми постоянными и временными помощниками. В карте вин «Кастрюльки», к великой зависти конкурентов, значились такие вина, как «Шато Палмер» 1975 по 750 крон за бутылку. И поскольку Норвегия располагала лучшим в мире по качеству сырьем для кулинарии, а творческое воображение Тоба и Фредрика не ведало границ, неудивительно, что их кухня заслужила высокую оценку в путеводителе Мишлена.

Однако увлечения Фредрика Дрюма вовсе не ограничивались областью вин и изысканных блюд. За последние годы он привлек внимание и обрел признание среди ученых, занимающихся языками и письменностью древних цивилизаций. Фредрик Дрюм был специалистом по дешифровке. После того как он опроверг толкование загадочного минойского линейного письма Б, предложенное англичанином Вентрисом, к нему стали часто обращаться за советом зашедшие в тупик исследователи. Несколько лет он посвятил занятиям на филологическом факультете университета и теперь работал над докторской диссертацией о пиктограммах, дорунических знаках и сравнительном анализе рисуночного письма древнейших народов Крайнего Севера. Тема, сулящая жаркие споры.

В Италии он очутился сейчас по трем причинам. Во-первых, чтобы дегустировать и закупить итальянские вина для своего ресторана. Во-вторых, он получил интереснейшее письмо от некоего профессора Донато д'Анджело, касающееся некоторых непонятных мест так называемого «Кодекса Офанес» — пергаментных свитков, найденных недавно при раскопках у селения, давшего имя свиткам. И наконец, что особенно важно, он рассчитывал встретиться наконец с Женевьевой, которая лечилась в знаменитой клинике доктора Витолло Умбро, также находящейся в Офанесе, поблизости от упомянутых развалин. Фредрик Дрюм обожал такие совпадения.

Правда, теперь он уже не был уверен, что такие совпадения *всегда* благоприятны. Конечно, до Офанеса рукой подать, но его местонахождение не внушало оптимизма. Через два-три часа наступит непроглядная ночь.

Он стал кричать. Пренебрегая эффектом стеклянного сосуда, кричал, пока не охрип настолько, что его можно было принять за одержимого похотью калабрийского козла.

Фредрик Дрюм проголодался. В животе урчало. И ему очень хотелось пить. Мало того, он еще обнаружил, что его полка населена другими существами. Полчища мелких муравьев ползали по траве и по его одежде. Вскочив на ноги, он постарался стряхнуть это нашествие, но часть муравьев уже забралась под рубашку и штанины. Муравьи копошились в волосах, на шее, всюду. И что хуже всего — они больно кусались, обнаружив, что им возбраняется исследовать его тело по своему произволу.

Хорошенькая ночь ожидает его... Не так он представлял себе первую ночевку в Италии.

От прекрасного настроения, которое владело Фредриком последние недели, не осталось и следа.

Как чудесно все начиналось. Одно за другим в его почтовом ящике появилось три весьма обнадеживающих письма.

Первое пришло почти месяц назад. Сотрудник факультета практической и теоретической физики Кембриджского университета в Англии сообщал:

«Уважаемый господин Фредрик Дрюм.

В связи с вашей просьбой и рекомендацией доктора Стивена Прэтта мы произвели тщательный спектрографический анализ кристалла в виде пятиконечной звезды, диаметром четыре сантиметра, толщиной двенадцать миллиметров.

Предварительное исследование выявило интересные особенности интерференции; характер преломления света во многом непредсказуем. Кроме того, похоже, что при определенном освещении в некоторых частях объекта происходит аккумуляция энергии. Повторное преломление лучей под разными углами внутри кристалла поразительно напоминает то, что происходит в твердотельном лазере.

Поэтому мы просим вас разрешить нам продолжить исследование присланного объекта, чтобы выявить действующие в данном случае законы движения фотонов.

С уважением доктор Джеймс Вилсон,
член Научного общества».

Загадка кристалла, найденного им в песке на одном из пляжей полуострова Юкатан в Мексике, недалеко от майяского храма, не один год терзала его воображение. Это украшение — или талисман — Фредрик всюду носил с собой; он не был суеверен, однако не мог отделаться от чувства, что странная звезда обладает удивительным свойством воздействовать на него или на то, что его окружало. И вот наконец решился послать ее для исследования специалистам.

Правда, без этого теплого, гладкого кристалла в кармане он чувствовал себя словно обнаженным.

Второе письмо поступило всего через несколько дней после первого. Итальянский штемпель, массивная печать и координаты Римского университета. Послание было заказное, и помимо письма от профессора Донато д'Анджело в конверте лежала копия фрагмента из «Кодекса Офанес». Текст письма гласил:

«Сеньор профессор (!) Фредрик Дрюм.

> По совету... (далее следовало перечисление известных учреждений и ученых, занимающихся классической археологией, плюс словесные реверансы)... направляю вам для рассмотрения некоторые места из КОДЕКСА ОФАНЕС, написанные, видимо, герметическим письмом. Без эпохального метода развертывания старинных пергаментных свитков, разработанного норвежцами Лаксдалом и Юханессеном из Бергенского университета, вряд ли удалось бы приступить к чтению КОДЕКСА ОФАНЕС.
>
> Посему приглашаем вас приехать на место для изучения вопроса, если вы пожелаете сделать попытку истолковать упомянутые места в кодексе... (Далее

еще ряд словесных реверансов и некоторые практические указания...)

С искренним уважением (!)
доктор Донато д'Анджело».

Фредрик Дрюм был весьма польщен таким обращением. Тоб стал замечать, что мысли его товарища по работе в «Кастрюльке» где-то витают и что Фредрик то и дело бормочет какие-то непонятные слова.

Кончилось тем, что Фредрик решил взять отпуск на две-три недели и отправиться в Италию. Его решение ускорило письмо номер три, присланное Женевьевой.

Фредрик Дрюм познакомился с Женевьевой во Франции, в Сент-Эмильоне, познакомился несколько лет назад при совершенно необычных обстоятельствах. Ему пришлось тогда разбираться в трагедии, связанной с отравленным вином, и Женевьева, дочь известного винодела, студентка университета в Бордо, была отравлена людьми, которые решили отомстить ему. Последствия отравления были ужасными: у девушки случилось что-то с мозгом, отчего нарушилось ее восприятие действительности. Ее помещали в разные больницы, наметилось какое-то улучшение, но серьезного сдвига не было. Случай Женевьевы Бриссо считался безнадежным, пока ее отец не связался с доктором Умбро, всемирно известным итальянским специалистом по афазии и отизму. Пользуясь звуковой и музыкальной терапией, он добивался поразительных результатов. Люди говорили, что в клинике сеньора Витолло в Офанесе творятся подлинные чудеса.

Чудо произошло и с Женевьевой. Уже через несколько дней пребывания в клинике она была в состоянии вести осмысленные беседы с окружающими, улыбалась, даже смеялась. Доктор Умбро полагал, что она совершенно оправится от болезни. Женевьева не забыла Фредрика. Она прямо пригласила его приехать в Офанес. Вот ее слова:

> «...помню тебя так, словно мы расстались только вчера, и очень хотела бы провести с тобой несколько счастливых дней здесь, в солнечной Южной Италии. Может быть, насладимся вместе добрым вином? Мы не виделись три года, но ты все время присутствовал в окружавшей меня темноте...»

Фредрик так обрадовался, что едва не пустил слезу. Последние годы судьба Женевьевы тяготела над ним. Наконец-то сможет избавиться от этого гнета.

Утром 31 июля он сел в самолет, вылетающий из Осло в Рим. Оттуда внутренняя авиалиния доставила его в Катандзаро. Провел там несколько часов, предвкушая скорую встречу, сел наконец в автобус, идущий в Офанес. И не доехал...

Фредрик Дрюм сжался в комок, на душе было хуже некуда. Он обречен гнить на этой скале, умрет от голода и жажды, и муравьи съедят его, оставив кости высыхать на солнце.

Смеркалось.

Он порылся в карманах. Не густо: бумажник с аккредитивами и итальянскими лирами. Ключ от чемодана. Список адресов местных виноторговцев. Одноразовая зажигалка «Бик». Две плитки жевательной резинки, не содержащей сахара. Пуговица неизвестного происхождения. Все. Он заорал, заблеял, обратясь лицом к Ионическому морю:

— Священные Стражи этой скалы, этого Бастиона Тьмы! Асы и ютуны Севера жестоко вас покарают! Мятущиеся души Тарпеи и Эгея, явитесь и поднимите меня вверх! Вверх, вверх, вверх! Дедал и Икар, дайте мне крылья! Лабрис и Анхис, явите мне знак, знак, знак!

Его крики пали на поверхность моря громким эхом. Сорвав с себя рубашку, он вытряхнул муравьев. Атаковал ногтями гладкую скальную стенку, но не продвинулся ни на дюйм.

Темнота сгущалась, наполняясь монотонной песней миллиардов невидимых цикад на фоне ровного шума моря.

«Спокойно, Фредрик, спокойно. Думай стройно, сосредоточенно. Тебе доводилось и прежде бывать в сходных ситуациях, и ведь все кончалось благополучно? Думай о „Кастрюльке“, о лакомых блюдах, которые Тоб готовит сейчас, — слышишь запах?» Он попытался следовать совету внутреннего голоса, но без особого успеха. Голос рисовал ему недосягаемую трапезу.

Что сказал бы Тоб, будь он здесь? Мудрый Тоб, друг, мыслитель. Он протер бы свои круглые очки и сказал: «Из абсурдного положения не может быть абсурдного выхода». Утешительное умозаключение. Положение, в котором очутился Фредрик Дрюм, верх абсурда. Стало быть, выход обязан быть осмысленным?

Он поискал глазами огни на море. Ни одного огонька.

И ничего нельзя предпринять. В кромешной тьме он лег, прижимаясь к скальной стене, стараясь не обращать внимания на муравьев. Пусть ползают, сколько хотят, по упавшей на их территорию новой вселенной.

Видимо, он вздремнул. Часы, когда он щурясь посмотрел на них, показывали половину четвертого. Скоро наступит утро. Он медленно поднялся, разминая закоченевшие мышцы, и уставился в густой мрак над морем. Слабый бриз освежал его, и уже не так хотелось пить.

Он стоял неподвижно, глядя прямо перед собой. Стоял так полчаса, час, два, три. Наконец над горизонтом на востоке зажглась румяная полоска зари. Он не трогался с места, пока солнце не вынырнуло из моря.

За это время в уме Фредрика Дрюма созрел безумный план. Может быть, он все-таки сумеет спуститься к воде, чтобы затем плыть вдоль берега, пока не кончатся скалы?

Когда совсем рассвело, он подполз к самому краю выступа и посмотрел вниз. С некоторым риском для костей можно было, перебираясь по скалам, одолеть половину расстояния до моря. Но и только. Насколько он мог судить, дальше начинался отвесный обрыв высотой около полусотни метров. Прыгать в воду с такой высоты — верная смерть.

И все же с приходом дня пробудился оптимизм. Муравьи не особенно докучали ему ночью, совсем без укусов не обошлось, но терпеть можно. У него родился новый план. Фредрик Дрюм так легко не сдастся!

Он принялся очищать выступ от травы, складывал в кучу большие пучки. И нашел то, в чем нуждался — достаточно большие острые камни. Этими камнями Фредрик стал долбить стенку. Сначала требовалось выдолбить ямку для упора ногой на высоте около метра.

Он бил, колотил, так что искры летели и пахло горелым, брал новые камни на смену треснувшим. Через два часа образовалось углубление, куда могли поместиться пальцы одной ноги.

Голод и жажда вынудили его прилечь, чтобы отдохнуть. Полежав полчаса, он снова принялся за дело. На этот раз долбил повыше, сколько мог дотянуться рукой. Выдолбив вторую ямку, так что можно было зацепиться пальцами, уперся левой ногой в первую и подтянулся вверх. В этом положении около метра отделяло кончики пальцев правой руки от края обрыва и от спасения.

К половине третьего Фредрик успел выдолбить три ямки. Одну для правой ноги, одну для левой, одну для руки. Он совершенно выбился из сил и был вынужден долго отдыхать.

Оставалось самое худшее. Упираясь ногами в ямки и держась одной рукой, надо было долбить дальше. В таком положении это был мартышкин труд. Он поминутно срывался и не мог вложить всю силу в удары. Получались какие-то жалкие царапины.

В шесть вечера Фредрик Дрюм сдался, окончательно обессилев. Лег навзничь на полке, опустошенный. Он обгорел на солнце, сухие, потрескавшиеся губы словно в бреду шептали названия знаменитых редкостных вин. А еще он в уме повторял содержание меню «Кастрюльки», каким оно выглядело накануне его отъезда в Осло.

«Кодекс Офанес». В самолете Фредрик воспользовался случаем перебрать в памяти то немногое, что ему было известно об этих старинных свитках.

Все началось совсем недавно. Несколько лет назад два норвежца стали чуть ли не национальными героями в Италии. Бергенские исследователи Лаксдал и Юханессен разработали и опробовали способ развертывать почти обуглившиеся от возраста древние папирусные свитки, которые археологи до той поры посчитали бы безнадежно испорченными. Когда начались раскопки развалин в районе Офанеса, в одном склепе нашли множество почерневших свитков. Обратились за помощью к норвежцам, и те добились сенсационных результатов, искусно развернув драгоценные свитки, испещренные отчасти греческими, отчасти латинскими письменами. Находка датировалась II–III веками нашей эры. Текст содержал философские рассуждения, данные по истории философии и описание различных философских школ Античности. Новые сведения оказались такими обширными, что дали повод заново переписать историю античной философии.

Итальянские газеты превозносили достижения Лаксдала и Юханессена на первых страницах. В Норвегии им посвятила маленькую заметку «Афтенпостен», несколько больше о них поведала «Бергене Тиденде».

Профессор Донато д'Анджело сообщал, что текст папируса «Офанес» в основном легко поддавался толкованию. Однако с одним фрагментом, написанным по-гречески, дело обстояло иначе. Сами по себе слова не вызывали сомнения, но общий смысл оставался неясным. Д'Анджело склонялся к тому, что здесь нашла свое отражение наиболее темная и неизвестная глава философской традиции Греции: *герметизм*.

Среди исследователей античной философии давно обсуждались гипотезы, согласно которым пифагорейцы заложили основу школ, развивших тайное магическое учение, получившее со временем большое влияние. Об этом говорило много косвенных признаков, однако прямых доказательств не было. Упомянутые гипотезы почитались чисто умозрительными. Вплоть до последнего времени. В тексте «Кодекса Офанес» содержались весьма странные места.

Фредрик Дрюм с большим интересом читал сообщения Донато д'Анджело. В его чемодане лежало изрядное количество книг о философских школах Античности, которые он собирался как следует изучить. В самолете его внимание было сосредоточено на копии маленького фрагмента, приложенной к письму. Греческий текст он прочел без труда. Общий смысл и впрямь оставался неясным, хотя слова сами по себе не вызывали сомнения. Загадка заключалась в том, что в тексте ни с того ни с сего вдруг появлялись знаки совершенно незнакомого письма. Он никогда не видел ничего подобного.

В особой тетради, которую он завел для этого случая, Фредрик Дрюм записал предварительный перевод части текста, поддающегося толкованию. Вот как выглядели эти строки из *«Кодекса Офанес, Фрамент № 233 XII»*:

> «...Дамипп расставил столько же факелов, сколько (ставили) в Одеоне для праздника Апатурии; так, говорят, повелел *фратриям* ученик Симмия — Кротон Мудрый. Печать Эрметики, с надписями Гефеста, Гекаты и Персефоны, скрывает послание Священного,

> Священнейшего Силотиана, как оно воплощается в Ритуале Смерти, и вот каково оно (Следуют четыре строки загадочных письмен, герметическое письмо?)... Сказал Эрметика Хирон — таков Шепот Смерти для наших неверных в сельских дионисиях. Synedrium есть Umbilicus Telluris (латынь?) так Одеон вовеки оберегает Гармонии...»

Фредрик Дрюм радовался. В самом деле радовался, предвкушая интересную работу. Никакие трудности не страшны, когда рядом с ним будет Женевьева Бриссо. Так ему думалось перед тем, как самолет сел на аэродроме в Катандзаро.

Никаких проблем, казалось Фредрику в полудреме. Муравьи ползали по его лицу, забирались в ноздри, уши, глазницы. Он ничего не замечал. Не заметил, что начинает смеркаться и что далеко в море крохотными точками снует множество лодок. Это были рыбацкие лодки. Но сегодня они вышли в море не на лов. Сегодня — первое августа, камольи, праздник в честь Мадонны Стеллы Марии.

Фредрик громко чихнул и проснулся. Садясь, он продолжал чихать, очищая ноздри от муравьев. Заметно стемнело, и он уже приготовился снова лечь, с тоской представляя себе перспективу провести еще одну ночь на этой полке.

— Воды, — прохрипел он только затем, чтобы услышать собственный голос.

Потом уставился на море. Протер глаза, чтобы избавиться от мелькающих искр. Искры? Да нет, непохоже, десяток неподвижных светящихся точек на поверхности моря. Огоньки? Он выпрямился и доковылял до края полки. Моргнул несколько раз, всматриваясь в темноту. В самом деле, огоньки. Очевидно, там плавают лодки.

Лодки!

Теперь он видел их отчетливо. На волнах качалась вереница огней, огни были зажжены на лодках.

Ничего не понятно. Огни на лодках? Эллины вновь плывут из-за моря, чтобы завоевать Калабрию? Уснув, он умер и проснулся в древнем мире? Напрягая усталый мозг, Фредрик сообразил наконец, что видит плавучую процессию, которая открывает или же завершает празднование камольи. Ну конечно, он ведь где-то читал об этом. По случаю праздника в море выходят лодки с огнями. Он насчитал два-три десятка огней; очевидно, эти лодки вышли из рыбачьих поселков по соседству.

Фредрик Дрюм сразу ожил.

Удивительно: он даже ухитрился насвистывать песенку потрескавшимися губами — «Моряк, возвращайся скорей», лихорадочно собирая в кучу огромные пучки сухой травы. Одну кучу он соорудил, когда добирался до камней. Свалив здоровенную охапку на самом краю полки, он поджег ее, к счастью, зажигалка не подвела. Вслед за клубами густого желтого дыма вверх на несколько метров взметнулись языки пламени.

Чихая и кашляя, Фредрик пустился в пляс у костра. Тень на стенке должна быть видна издалека. То-то люди испугаются, увидев на скале пляшущих духов!

Он взял себя в руки, собрался с мыслями. Встал сразу за костром, так что на скальной стенке возник трехметровый силуэт его фигуры. Поднял вверх одну руку и принялся чертить в воздухе буквы. Снова и снова, медленно, четко — дуги, круг. И тень повторяла за ним: SOS.

Только бы не взяло верх суеверие! Только бы не подумали, что там, на скале, высоко над морем, им явилось некое чудо, таинственное знамение! Или что они дошли до галлюцинаций из-за усердного празднования камольи. «Нет, — сказал себе Фредрик, — такого не может быть, рыбаки — разумные люди».

Добавив в костер сухой травы, он продолжал чертить «SOS». И вдруг представил себе, что перенесся в Античность, в пещеру Платона, он — тень, он — «идея», образ, существующий независимо от материального мира. Он — «Идея Дрюм»! На скальной стене позади него — «Идея Дрюм». Однако перед костром стоял реальный, настоящий Фредрик Дрюм, что бы там ни говорил Платон.

Он всей душой надеялся, что смотрится вполне реально. Что рыбаки не увлекались чрезмерно Платоном и не придут к сомнительному философскому заключению, что не он, а тень на скале — реальность.

«SOS, SOS». Фредрик продолжал сигналить, пока не прогорел костер, пока не кончилась вся сухая трава на полке.

После чего с волнением уставился в темную даль. Он не мог видеть лодок, когда пылало пламя. Он не увидел их и теперь. Они исчезли. Над морем царил мрак.

Фредрик посмотрел на часы. Начало десятого. Сколько же он семафорил? Десять минут, полчаса, час?

Он потерял счет времени, он ослеп, онемел.

Лодки ушли.

Рыбаки видели что-нибудь? Поняли, что человек попал в беду? Куда они делись? *Да и были ли там в самом деле лодки с живыми людьми на борту?*

Он нуждался в чем-то осязаемом, конкретном, внушающем надежду на то, что на смену мукам в абсурдной ситуации придет услада дивного шествия между мраморными колоннами под сводами Афродиты, с выстроенными вдоль стен кувшинами с вином, с умиротворяющими душу благотворными ароматами мирры и бальзама… Где Дурное Предначертание, каббалисты, Всадники Тьмы, сатанисты, Отцы Длинных Ножей, Человеко-бык, Титаны Лабиринтов и заклинатели загнаны в бездонное подземелье, а вместо них царят тамбурины танцовщиц, Сладостные Плоды Добрых Матерей, нежные звуки флейты Пана, шеф-повар вакханалий и виночерпии, Тепло Белого Пламени и Перины Широких Лож.

Кристаллическая звезда. Ему бы сейчас заветный кристалл. Без него Фредрик Дрюм чувствовал себя незащищенным.

Он примостился полулежа у скальной стенки. Не спал. Не бодрствовал. Ему не было холодно. Не было тепло. Он был ничем, нет, он очутился в царстве теней. И будет там танцевать с Женевьевой, покуда не взойдет солнце. Тогда они вместе полетят над морем, будут парить над волнами.

Трое полицейских столкнули его вниз по склону, столкнули с обрыва. Вытащили обратно. Снова столкнули. Он упал, покатился вниз. Его вытащили опять. Толкнули. Он покатился. Сорвался. Вверх. Толчок. Вниз. Вверх. Сорвался. Вверх. Вниз. Вверх. Вниз. Трое полицейских смеялись. Он превратился в камень. Камень Сизифа. Который катился. Вверх. Вниз. Вверх. Вниз. Титаны улыбались. Трехглавый титан в мундире. Они смеялись, все три головы смеялись всякий раз, когда он катился вниз по склону и срывался с обрыва.

Фредрик резко вскочил на ноги. Мокрый от пота; распухший язык едва помещался во рту. Он услышал какой-то звук. Громкий звук! Оглушительный рокот ударил в уши.

И тут он увидел — сноп яркого света скользил по стенке чуть справа от него; источник света находился на вертолете, зависшем в воздухе метрах в двадцати-тридцати над ним. Он ясно видел белый корпус вертолета с красным крестом на хвосте.

Никакие не ангелы, не плод галлюцинации. Самый настоящий вертолет.

Он стоял неподвижно. Осторожно поднял одну руку. Они не видели его. Он стоял в тени. Луч света поднялся над ним, ушел в сторону, очутился под ним. Внезапно ослепил его, и Фредрик упал обратно на камни.

Послышались голоса, кто-то замахал руками. «La! Un signore! Corda, rapido!»*

Он увидел спускающуюся к нему веревку. Понял, как надо действовать. Надел на себя обвязку и хорошенько проверил ремни, прежде чем жестом показать: «Готово!» Его потянули вверх.

Его втащили в кабину. Уложили на какие-то носилки. Фредрик указал пальцем на бутылку. Сделал несколько жадных глотков. Минеральная вода. Его вырвало. Он снова отпил из бутылки и улыбнулся. Его

---

* Вон там! Человек! Веревку, быстро! *(итал.)*

засыпали вопросами. Фредрик покачал головой и закрыл глаза. Потом приподнялся и произнес тихо, но внятно:

— Signores. Mi scusi. Grazie*. Будьте добры, доставьте меня в Офанес. Полицейский участок. Per favore**.

Несколько минут спустя, без четверти два, вертолет приземлился на объятой мраком пустынной площади крохотного селения Офанес, рядом с полицейским участком.

Фредрик спустился на землю без посторонней помощи, прошагал прямо к участку и постучался в дверь. Чей-то голос отозвался изнутри.

---

* Синьор. Извините. Спасибо *(итал.)*.

** Пожалуйста *(итал.)*.

2

Он утверждает, что ему ничего не известно о калабрийском соколе, наслаждается бокалом «Таураси Рисерва» 1982 и погружается в глубокие раздумья

Открыв дверь, Фредрик Дрюм очутился в комнатушке с большим письменным столом, на котором стоял телефон, стулом и скамейкой у самого входа. И все. Так выглядел местный полицейский участок.

За столом сидел толстый лысый коротыш с воспаленными, усталыми глазами. Одет он был неряшливо — рубашка не застегнута, на ногах, торчащих из-под стола, — домашние туфли. Ничего удивительного, если учесть, что дело происходило ночью.

Фредрик догадывался, что начальник полиции не в духе, однако его собственное настроение тоже оставляло желать лучшего. Ноги не держали его, и он сел на скамейку, не дожидаясь приглашения.

— Проклятый яйцекрад! — злобно выпалил хозяин кабинета, и Фредрик тряхнул головой, прочищая мозги.

Он не ослышался?

— Si, signore straniero*, яйцекрад! Думаете, нам не известно, что вы замышляли там, на скалах! Ха! В этом

* Да, синьор иностранец *(итал.)*.

году мы уже не раз задерживали немцев, голландцев, шведов и датчан. Они намеревались украсть яйца нашего редкостного сокола, Фалько калабрис, который находится на грани *исчезновения,* ясно? — Полицейский закурил сигарету и закашлялся.

— Signore poliziotto*, — с трудом прошептал Фредрик. Он был совсем опустошен, не в силах объяснять что-либо, спорить. — Я ехал в Офанес совсем не за тем, что вы думаете. Пробуду здесь две недели. Мне заказан номер в единственной здешней гостинице — «Альберго Анциано Офани». Если желаете, завтра смогу вам все объяснить, когда найду свой чемо...

— Сперва подпишитесь здесь! — Толстяк вскочил на ноги и указал на лист бумаги на столе.

Фредрик взял ручку и кое-как расписался, не читая.

— Passaporto! — прошипел начальник полиции.

Фредрик покачал головой.

— В чемодане, — сказал он. — Завтра приду к вам. Не скажете, как мне найти «Альберго Анциано Офани»?

Полицейский вытолкал его за дверь и указал толстым пальцем на какой-то смутный силуэт у пригорка в двухстах метрах выше единственной улочки селения.

— Buona notte**, — поблагодарил Фредрик и побрел в темноте к указанной цели.

На коротком отрезке до гостиницы он трижды останавливался, чтобы отдохнуть. Ноги были словно ватные. Его терзал голод и страшно хотелось пить. Наконец он дошел до дверей какого-то старинного строения. Никакого намека на свет, и Фредрик долго шарил

---

* Синьор полицейский *(итал.).*

** Доброй ночи *(итал.).*

по стояку в поисках звонка. С трудом нащупал какой-то шнур, за который следовало дергать, если верить надписи на дощечке внизу.

Где-то внутри зазвенел колокольчик. Он подождал. Никакой реакции. Подергал сильнее еще несколько раз. В одном из окон зажегся свет, послышались шаркающие шаги, дверь чуть приоткрылась.

Фредрик увидел пожилого мужчину в халате, с пышной епископской бородой, с потешным ночным колпаком голубого цвета на голове. Мужчина испуганно уставился на него.

Фредрик представился, сказал, что для него заказан номер на две недели, считая с позавчерашнего дня. Извинился, что является в такое время суток, дескать, в пути произошел несчастный случай.

Мужчина (ему было лет сорок-пятьдесят) вдруг расплылся в улыбке и распахнул дверь. Жестом предложил Фредрику войти.

— Si, signore, — сказал он, — мы ждали тебя*. Молодая красивая дама очень встревожилась. Она принесла сюда твой чемодан с автобусной станции. Она лечится в клинике синьора Умбро, верно?

Фредрик кивнул и облегченно вздохнул. Наконец-то все образуется. В гостинице его встречают как желанного гостя, чемодан на месте, Женевьева ждет его.

— Синьор Джианфранко Гаррофоли, — представился хозяин гостиницы, крепко пожимая руку Фредрика. — У тебя усталый и не слишком здоровый вид.

---

* В итальянском языке принято обращение на «ты» даже к незнакомым людям.

Желаешь перекусить, прежде чем тебе покажут твой номер?

Фредрик ответил утвердительно, и его провели в небольшой зал, заставленный мебелью. Здесь пахло камфарой и воском для натирки пола, горел неяркий свет. Хозяин вручил ему регистрационную книгу и вышел. Записываясь по всем правилам, Фредрик услышал повелительные возгласы; чей-то пронзительный женский голос пытался протестовать, но был укрощен властным басом хозяина.

Полистав книгу, Фредрик убедился, что он — единственный постоялец. Прежние гости уехали больше недели назад. Должно быть, они избегали пользоваться общественным транспортом, сказал он себе. Охотники за яйцами *Фалько калабрис*...

Худая морщинистая женщина с черным фартуком поверх белой ночной рубашки принесла ему хлеб, ветчину, дыню, яйца. А также кувшин с водой и бутылку вина. Она не улыбалась. Крик синьора Гаррофоли заставил ее вздрогнуть:

— Комната, Андреа. Разожги *священника,* пока наш гость ест! Не видишь, что он устал? Священника, слышишь?

Фредрик налег на белый хлеб. Выпил воды. Поел ветчины с яйцом. Он ел медленно, жевал долго. Священник. *Священника?* О чем это они толкуют? Ладно, бог с ними, скоро он будет спать, видеть добрые сны на мягкой перине. Желудок урчал, но пищу не отвергал. Фредрик отважился налить себе половину бокала вина. Прочел надпись на этикетке: «Таураси Рисерва 1982». Вспомнил название сорта винограда — *галиоппо.* Необычный виноград, необычное вино.

Понюхал, проверил вкус, сделал добрый глоток. Хорошее вино. Чудесное.

Заполучив вино, желудок успокоился. По всему телу разошлось приятное тепло, глаза сами закрылись.

— Синьор Дрюм? — Голос хозяина. — Смотри, не засни здесь. Твой номер готов. Иди за мной.

Фредрик налил себе полный бокал и захватил с собой, следуя за хозяином гостиницы. Через несколько коридоров они прошли к широкой каменной лестнице и поднялись на второй этаж. Здесь тоже был коридор, притом такой узкий, что ему пришлось идти чуть ли не боком. Всюду царил полумрак. Синьор Гаррофоли отворил какую-то дверь.

— Прошу, синьор. Все готово. Воздух немножко сырой, но сырость исчезнет по мере того, как священник согреет комнату. Твой чемодан стоит вон там.

— Grazie.

— Ванная — в конце коридора. Мы последим, чтобы тебя не беспокоили до одиннадцати дня. Будешь заказывать завтрак? — Хозяин отступил к дверям.

— Спасибо, синьор, завтрака не надо. — Фредрик поставил на тумбочку бокал с вином.

Хозяин вышел.

Фредрик Дрюм протер глаза. Очень уж несовременно выглядела комната. Он в жизни не видел такого гостиничного номера! Чудовищных размеров кровать под балдахином на толстых перекладинах стояла посреди комнаты. Под матрацем, выше пола, помещалось нечто вроде подовой решетки. На ней лежало подобие плоского таза с окруженными тусклым желтым свечением раскаленными угольями. Так вот что они называют «священником»! Не слишком ли рискованно спать с таким подогревом? Он успокоил себя заключением, что это, должно быть, старый, испытанный метод.

Стены были сложены из грубо обтесанного камня. В нишах и на полках стояли кувшины и другая посуда; под самым потолком находилось окно с железной решеткой. Возле кровати помещалась огромная резная тумбочка, явно весьма почтенного возраста. Еще он увидел комод, шкаф, несколько стульев и зеркало — все старинной грубой работы.

Видимо, в прошлом это была монашеская келья. Может быть, «Альберго Анциано Офани» — бывший монастырь? Фредрик Дрюм был не в силах больше шевелить мозгами, он разделся и лег, укрывшись простыней и двумя шерстяными одеялами. Пахло сыростью, но он чувствовал поступающее снизу приятное тепло. «Священник» действовал.

Фредрик допил вино, задул керосиновую лампу на тумбочке и тотчас заснул.

Его разбудили яркие лучи солнца. Он удивленно осмотрелся кругом. Несколько секунд не мог толком сообразить, где он и кто он. Наконец очухался.

Фредрик сел на кровати. При солнечном свете, проникающем через окошко, комната выглядела совсем не так мрачно, как ему показалось ночью, а вполне уютно. Уютная старина. Фредрик был отнюдь не против того, чтобы жить в номере с музейными экспонатами. Они создавали творческую атмосферу, весьма подходящую для работы, которая его ожидала.

Кожа зудела. Все тело было в муравьиных едких укусах. Вообще же он чувствовал себя хорошо, даже отлично.

Прежде чем встать, он мысленно перевел латинское изречение в рамке над комодом. Необычное изречение: *«Доброго Отдыха посвященным, пребывающим на рубеже этой формы жизни, ищите во сне амнезию Плутарха».*

Пройдя в ванную, он хорошенько помылся под душем. Побрился, внимательно изучил в зеркале свое лицо. Если не считать похожие на прыщики укусы муравьев, он выглядел совсем недурно.

— Женевьева, Женевьева, — пробормотал он, освежаясь одеколоном.

Сердце забилось учащенно. Неужели он увидит вновь свою возлюбленную?

Тут же он спохватился. Он не должен рассказывать, что с ним произошло, не должен волновать ее. Надо что-то придумать. Какое-нибудь простое и убедительное объяснение задержки.

Анамнезия Плутарха. Анамнезия — воспоминание. Он снял со стены рамку и положил на тумбочку лицом вниз. Ему не нравилась эта цитата.

Фредрик достал из чемодана чистую одежду. Захватил паспорт и бумаги, из которых было видно, для чего он приехал в Офанес. Яйцекрад! Он потолкует с начальником полиции, сегодня голова Фредрика работала нормально, за словами дело не станет.

При дневном свете гостиница больше отвечала своему наименованию. В холле он весело поздоровался с синьором Гаррофоли, и тот сообщил ему, улыбаясь:

— Французская мадемуазель звонила. Она пришла в восторг, когда услышала, что ты явился. Просила тебе передать, что всю вторую половину дня свободна от процедур в клинике и может встретиться с тобой в три часа в трактире на площади.

Фредрик почувствовал, как кровь прилила к лицу. Он покраснел! Покраснел словно мальчишка, делая вид, что роется во внутреннем кармане пиджака. Сказал спасибо, поклонился и вышел, пятясь, на залитую солнцем улочку.

Офанес.

Селение купалось в лучах утреннего солнца. Часы на башне белой церкви в центре пробили одиннадцать. Невелико селение — с десяток домов вокруг площади и церкви. Средневековое здание гостиницы расположилось особняком у пригорка, где козы жались в тени старых сучковатых олив. От восточной окраины проселок длиной около двухсот метров спускался к маленькой пристани, где было причалено пять-шесть рыбацких лодок. Вдоль обочин проселка росли сливы и виноградная лоза.

Недалеко от гостиницы, по другую сторону пригорка, стояло довольно крупное здание без крыши. Сродни «Альберго Анциано» архитектурой, но сильно запущенное.

Фредрик продолжал осмотр. За строением без крыши, у подножия крутого холма разместился похожий на старинную усадьбу большой исправного вида дом с двором между двумя флигелями и с внушительным порталом, на котором значилось «ОСПЕДАЛЕ ВИТОЛЛО УМБРО». Вот где находится Женевьева, проходя столь успешное лечение!

Слева от клиники, носящей имя всемирно известного врача, Фредрик рассмотрел участок, где, судя по всему, производились археологические раскопки. Из разрытой исследователями красной земли тут и там торчали развалины. Участок с раскопами простирался почти до самого селения.

Это там почти две тысячи лет был погребен «Кодекс Офанес». У Фредрика защекотало под ложечкой.

Его взгляд скользнул обратно к крутому холму. Среди лозы по склону почти до самой вершины извивалась дорога. Там на плато, метрах в ста над селением разместился настоящий замок! Явно обитаемый: над одной башней развевался флаг, а на стене под ним было развешено для сушки белье.

Красиво, ничего не скажешь. В представлении Фредрика рейтинг Офанеса поднялся сразу на несколько баллов. Он вспомнил подходящие к случаю стихи знаменитого соотечественника и громко чихнул четыре раза.

После чего направился к площади. Кроме церкви и полицейского участка, здесь помещались мясная лавка, магазин со скобяным товаром, кафе с маленькими столиками на тротуаре, еще кое-какие магазинчики. Всюду резвились голосистые ребятишки, беспорядочно стояли припаркованные мотороллеры и «фиаты». Словом, все как положено.

Он сел за один из столиков трактира. Заказал кофе, два рогалика, бутылку негазированной минеральной воды. Хозяин кафе учтиво поздоровался, принимая заказ, потом внимательно рассматривал Фредрика, стоя в дверях своего заведения.

Фредрик был единственным клиентом, если не считать двух стариков за соседним столиком.

— Яйцекрад! — вдруг громко произнес он, размышляя над прискорбным содержанием двух последних суток.

Трактирщик подошел, думая, что речь идет о дополнительном заказе, но Фредрик жестом показал, что больше ничего не требуется.

У него найдется что сказать начальнику полиции! Есть при себе кое-какие бумаги. И в клинике доктора Умбро лечится его amata.

Оставив на столике положенную сумму, он встал. Направился для вида в сторону церкви, чтобы трактирщик не подумал, что клиент пошел прямо в полицию жаловаться на обслуживание.

В участке за тем же столом, на том же стуле сидел уже знакомый толстый коротыш. На столе — ни одной бумаги. Начальник полиции был одет по форме и сильно потел. Мундир с ремнями плотно облегал его тело, не придавая, однако, владельцу элегантности. В одной руке начальник держал хлопушку для мух, в другой — стакан с виноградной водкой.

— Giorno*, — решительно поздоровался Фредрик.

— Ага, — буркнул толстяк. В мутноватых глазах его читалось отвращение к непредвиденным проблемам. — Пришли уплатить штраф и покрыть издержки?

Он вытащил из ящика лист бумаги с небрежной подписью Фредрика.

Не сводя глаз с полицейского, Фредрик протянул руку за бумагой, получил ее, разорвал на четыре части и положил обратно на стол.

— А теперь послушайте меня, — твердо произнес он, после чего коротко и ясно изложил все, что произошло.

Начальник полиции несколько раз порывался сказать что-то, но Фредрик жестом останавливал его.

---

* Добрый день *(итал.)*.

— Итак, синьор poliziotto, — заключил он, — предписываю вам найти ваших коллег, которые столкнули меня в пропасть, и выяснить, чем они руководствовались. Понятно?

— Идиот! — взревел толстяк, привстав со стула. — И вы хотите, чтобы я *поверил* во все это?

— Хотите верьте, хотите нет, но именно так все было. — Фредрик швырнул на стол свой паспорт и рекомендательные письма профессора Донато д'Анджело.

Начальник полиции тщательно изучил их, одновременно усердно орудуя хлопушкой. По лицу его катились крупные капли пота. Наконец он схватил телефонную трубку, пробормотав, что должен посовещаться со своим начальством в Кротоне.

После долгого разговора, причем толстяк не жалел голосовых связок, он положил трубку, хитро улыбнулся и прищурился.

— Синьор Дрюм, — льстиво заговорил он, — вы лжете. Вы нахал. У вас богатое воображение. Очевидно, то, что нужно для сотрудничества с *профессором д'Анджело*. — Последние слова были произнесены презрительным тоном. — Мой начальник в Кротоне, который контролирует всю деятельность полиции в этом районе, повторяю, *всю*, говорит, что в то время, какое вы указали, здесь не было никаких патрулей. Pronto?* Если немедленно не заплатите штраф и не покроете издержки, вам придется задержаться в этом селении, ясно?

Фредрик холодно улыбнулся:

— Buono. В автобусе было четыре свидетеля. И я не *покину* это селение, пока не разберусь во всем.

---

* Слышите? *(итал.)*

С этими словами он вышел. А толстяк наполнил свой стакан из спрятанной за столом бутылки, и губы его скривились в злобной улыбке.

Фредрик поднялся к раскопам. Участок не был огорожен, так что он мог ходить там без помех. Сейчас никто здесь не трудился, но через несколько дней должен был приехать из Рима Донато д'Анджело с группой сотрудников, чтобы сделать кое-какие зарисовки. Фредрик сел на кусок кладки, осмотрелся кругом. Обитые колонны, мозаичные полы, фундаменты нескольких крупных построек, ступеньки, лестничные площадки. Видимо, тут располагался храм...

Донато д'Анджело. Похоже, местная полиция не симпатизирует ему. Почему? *Что здесь, собственно, происходит?* Что-то не так — это очевидно. В частности, кому-то нежелательно присутствие Фредрика Дрюма.

Кротоне. Автобус, из которого его вытащили, направлялся в Кротоне. Очевидно, свидетелей следует искать там. А Кротоне — достаточно большой город. Не так-то просто будет их найти. Если это вообще возможно. Тем не менее стоит как-нибудь туда выбраться. Может быть, вместе с Женевьевой? Из книг он знал, что Кротоне был греческим владением до 242 года н. э. Основан ахейцами в 710 году до н. э.; со временем стал одним из важнейших городов Италии. Оставив остров Самос, сюда перебрался основатель знаменитой философской школы Пифагор; эта школа внесла большой вклад в развитие геометрии, арифметики, этики, учения о бытии вообще. Все это известно. Чем еще они занимались?

Кто больше двух тысяч лет назад ходил здесь, где он сейчас находится, в великолепном архитектурном комплексе, ступая по дивной мозаике, среди мраморных колонн под изящными сводами? О чем они беседовали?

Наверное, «Кодекс Офанес» многое сможет поведать, если верно его расшифровать.

К Фредрику не спеша подошел мужчина в форменной фуражке. Видимо, сторож. Учтиво поздоровался, почесал затылок.

— Интересуетесь? — осторожно осведомился он.

— Si, синьор, даже *очень.* — Сторож держался приветливо, и Фредрик ответил тем же. — Я буду сотрудничать с профессором д'Анджело, помогу кое в чем разобраться. Я приехал из Норвегии.

Сторож просиял.

— Ага. Ты norvegese. Синьор Дрюм, если не ошибаюсь!

Они обменялись рукопожатиями, сторож назвался — «синьор Лоппо» — и объяснил, что участок нуждается в охране от охотников за сувенирами.

— Профессор д'Анджело говорил, что ждет меня? — Фредрик чувствовал себя польщенным.

— Нет-нет, я узнал об этом не от него. Мне рассказала прекрасная французская сеньорита. Она ждет, столько говорила о тебе, когда мы вечерами сидели в трактире синьора Ратти. Ты ведь специалист по расшифровке кодов и тайных письмен, верно? И любитель хороших вин, да? — Он добродушно толкнул Фредрика в бок и сел рядом с ним на кладку. — Кстати, она теперь почти совсем здорова благодаря доктору Умбро. Он творит чудеса.

Они потолковали о том о сем, и у Фредрика сложилось впечатление, что далеко не все плохо относятся к профессору д'Анджело.

— Синьор Лоппо, — осторожно справился Фредрик, — синьор д'Анджело и начальник полиции — добрые друзья?

— Ха! — Синьор Лоппо соскочил на землю. — Эта свинья, извините, что я называю Витторио Нурагуса свиньей, но он этого заслуживает. Ленив, ровным счетом ничего не делает, поднести ко рту вилку с макаронами для него большой труд. Они отнюдь не добрые друзья, особенно после того, как месяц назад тут погибли два мальчугана. Страшная трагедия, большое горе, я знаю родителей, они ничего не могут понять.

— Да ну! Расскажи, я слушаю!

— Загадочная история... Этим мальчикам — Марко Албелли и Альдо Пугги — было по пятнадцать лет. Они подрабатывали на раскопках. Оба славные, живые, воспитанные парни. И однажды, чуть больше месяца назад, их нашли мертвыми подле вон той стены. — Синьор Лотто показал рукой и продолжал: — Похоже было, что они одновременно упали со стены и умерли без всяких видимых причин. Вскрытие ничего не обнаружило, но профессор д'Анджело бушевал и настаивал, что они погибли от рук преступника. Два здоровых, крепких подростка не могли умереть одновременно просто так. Начальник полиции Нурагус и не подумал начать расследование: дескать, причина их смерти — солнечный удар или что-то в этом роде. Дескать, никакого преступления быть не могло. Представляешь, сколько бумаг ему пришлось бы исписать в ином случае! Допросы, протоколы... Профессор д'Анджело прямо на площади отчитал его так, что вся деревня слышала.

— Ну а все-таки, — спросил Фредрик, — какое-то расследование проводилось?

— Нет. Дело закрыли, и эта жирная свинья Нурагус довольно потирает руки.

Сторож удалился, сказав, что должен помочь жене заколоть козленка, а Фредрик остался сидеть в глубоком раздумье.

Мозг работал вхолостую, и около часа Фредрик направился обратно в гостиницу. Дверь была открыта, в холле — ни души. Он постоял, изучая интерьер.

Роль стойки исполняли широкие доски, положенные на фрагменты двух античных колонн. Просто и не без шика. На стенах — множество икон, распятий и другой религиозной символики. В частности, щит с эмблемой святого Анакреона. Побуревшая от возраста, испещренная сеткой трещин, мрачная еретическая картина изображала Деву Марию с чашей крови Иисуса. На полках стояли старинные книги в кожаном переплете. Фредрик взял одну, открыл титульный лист: «Paracelsus, „De Homunculis“. Operum Volumen Secundum. De Tournes MDCLVIII». Странные вкусы у хозяина гостиницы, если все это его личная собственность, сказал себе Фредрик. Хотя, скорее всего, большинство этих предметов не одно столетие составляет неотъемлемую часть интерьера.

Взяв ключ от своей комнаты, он поднялся по каменной лестнице.

Хотя двери в узком коридоре не были пронумерованы, свою он помнил хорошо. Здесь и было всего-то четыре двери; одна из них вела в ванную. Фредрик поймал себя на мысли, что чувствовал бы себя уютнее, будь здесь больше постояльцев. Но селение Офанес располагалось вдали от больших магистралей.

В оставшееся время до встречи с Женевьевой он решил просмотреть материал, полученный от профессора д'Анджело. Время тянулось удручающе медленно.

В комнате было прибрано, постель застелена, «священник» убран. Рамка с латинским текстом вернулась на место, и Фредрик уже приготовился снять ее со стены, когда вдруг увидел перед собой совсем другой текст!

Садясь на кровать с рамкой в руках, он боднул головой перекладину балдахина. Изречение в рамке тоже было написано по-латыни, в переводе оно гласило следующее: *«Пытающийся проникнуть без ключа в Розарий Философии узрит там не цветы, но оскобленные черепа».* И этот текст пришелся ему не по душе, а потому он решительно снял рамку со стены и положил на столик в углу.

Ну так. Он достал свои бумаги. Удобно примостился на широкой кровати. Наконец-то Фредрик Дрюм занялся тем, что занимало его больше всего на свете: дешифровкой тайнописи, проникновением в неведомый доселе мир, толкованием посланий из далекого прошлого. Ничто не могло отвлечь его от сосредоточенного исследования. Он был счастлив в своем заколдованном мире.

Фредрик Дрюм пользовался собственными, особыми приемами. Многолетние исследования, погружение в глубины происхождения нашего письма, наших символов и образов вооружили его несравненным опытом. Он разработал ключи и методику для прочтения древнейших надписей, составил таблицы комбинаций, подобрал эквиваленты корней и схемы ассоциаций настолько хитроумные, что непосвященному было бы непросто разобраться даже в самых простых его системах.

Трифемо-Шампольонский винт. Набор кругов с древними символами, базисными буквами, диск, в котором каждый отдельный круг можно было вращать или заменять другими кругами. Так выглядело одно из придуманных приспособлений, призванное подходить к любым кодам, любой тайнописи в областях нашей культуры от Малой Азии до берегов Атлантики. Он особенно гордился Трифемо-Шампольонским винтом.

Четыре строчки, которые сейчас он видел перед собой, выглядели совсем необычно. Они помещались посреди греческого текста.

Лежа на кровати, Фредрик то напевал, то громко разговаривал сам с собой. Несколько раз чихал от волнения, то и дело пил воду из стоящего на тумбочке стакана.

Трудный текст, если это вообще текст. Ничего похожего не встречалось ему прежде. Пришлось вооружиться таблицами и кругами с символами иных культур, помимо тех, что были связаны с Средиземноморьем. Без успеха. Знаки не поддавались толкованию.

Он сел, протер глаза. Посмотрел на окошко, через которое струились лучи солнца. Да, задачка, серьезное испытание. Фредрик Дрюм, с присущим ему острым любопытством, обожал такие задачи. Не жалел сил, даже здоровья, чтобы разрешить их.

Он отложил в сторону таинственные строчки. Углубился в предшествующий и последующий текст. Слова понятны, общий смысл неясен. Что кроется в этих строках? Фредрик стал писать в своей тетради:

Симмий: Философ из Фив (NB! Фиванская школа).
Кротон:? (Мужчина, странно, ср. здешний город Кротоне).
Эрметика: Богиня религиозно-философского учения герметизма?
Гефест: Бог огня.
Геката: Богиня волшебства.
Персефона: Владычица преисподней.
Силотиан:?? (Личность, предмет?)
Хирон: Кентавр?
Синедрион: Собрание, совет.
Umbilicus Telluris: Латинское выражение, означает «пуп земли».

А что... Возможно, профессор д'Анджело прав, эти тексты и впрямь связаны с учением *герметизма,* сторонники которого облекали знание в формы, не доступные для непосвященных. И которое якобы содержало ответы на сокровеннейшие тайны бытия.

Судя по выделенным именам, в древнем свитке речь могла идти о волшебстве, огне, преисподней, мог содержаться ключ к важнейшим положениям герметизма. И ключом как раз могли служить четыре строки с неизвестными знаками.

Сколько он ни манипулировал кругами, ничто не подтверждало его предположение, что для дешифровки текста следует выйти за рамки культурных традиций стран Средиземноморья. В читаемой части ничто — ни имена, ни отвлеченные понятия — не наводило на мысль о других культурах.

Стало быть, надо держаться известной античности, древнегреческого языка, возможно, линейного письма А и Б.

Он посмотрел на часы — половина третьего. Наконец-то! Отложил бумаги в сторону и всецело сосредоточился на том, что предстояло, на великом событии, встрече, которую так долго предвкушал.

Насвистывая, Фредрик отправился в ванную и принял душ. Изучил свое изображение в зеркале. Как он выглядит — ничего? Женевьева узнает его? Вряд ли он заметно изменился за три года. Он освежил лицо одеколоном.

Вернувшись в номер, достал подарки. Лопарское ожерелье дивной работы из золота, добытого на крайнем севере Норвегии, куплено у ювелира Яукко Пента в городе Карашок. Бутылка марочного вина, обернутая в красный целлофан, обвязанный синей ленточкой. Порядок.

Фредрик выпил два стакана воды, почистил и без того чистые брюки. Вышел и запер дверь номера.

В коридоре царил полумрак. Проходя мимо соседней комнаты, он вздрогнул, увидев вдруг перед собой чье-то бледное испуганное лицо. Это была Андреа, та самая женщина, что принесла ночью ему еду.

— Mi scusi! — выпалил он.

Она ничего не ответила, продолжала молча стоять на месте. Фредрик вздохнул и протиснулся мимо нее, тупо улыбаясь.

В холле по-прежнему было пусто. Фредрик хотел было повесить на место ключ, но передумал, сунул его в карман и вышел на солнце.

Спустившись на площадь, сел за один и крайних столиков трактира. Народу было много, почти все столики заняты. Время ленча, клиенты с аппетитом уписывали макароны. Сам он голода не ощущал, заказал себе бокал кампари и стакан воды. Он поместился так, чтобы видеть дорогу, ведущую к клинике доктора Умбро.

С Фредриком Дрюмом творилось что-то невообразимое. Сердце бешено колотилось, желудок сжался.

Тут он увидел ее. Она словно парила в воздухе — элегантная, ослепительно красивая. Мужчины отложили вилки и уставились на нее.

Фредрик помахал ей рукой, и его щеки сравнялись цветом с кампари в бокале.

3

Фредрик Дрюм дает названия запахам, может смотреть на солнце, не чихая, и получает еще один ключ

На ней были платье янтарного цвета с широким красным поясом, красные туфли, лоб обнимала оранжево-красная лента. У нее была осиная талия. Каштаново-черные волосы спускались на плечи, обрамляя мягкие черты прекрасного лица. Глаза сияли, и она улыбалась.

Клеопатра?

Греческая богиня? Елена, Афродита, Гера?

Нет — Женевьева Бриссо, двадцати девяти лет.

Фредрик встал. Женевьева подошла к его столику и остановилась, присматриваясь к нему большими карими глазами. Наконец со счастливой улыбкой бросилась в его объятия.

Он ощутил аромат, превосходящий букеты всех вин, какие когда-либо дегустировал. Осторожно прижал ее к себе, и долго они стояли так, не двигаясь. Наконец она подняла голову и снова посмотрела на него; в уголках глаз блестели слезинки. Ком в горле мешал ему говорить.

— Фредрик? — спросила она шепотом, точно сомневаясь — он ли это.

— Да, это я, — ответил он прерывисто.

Они сели, и зрители, следившие, затаив дыхание, за романтической встречей, снова принялись уписывать макароны.

— Ты... ты совсем выздоровела? — Он осторожно улыбнулся, боясь сказать что-нибудь лишнее.

— Почти, как говорит доктор Витолло. Ах, Фредрик, если бы ты знал, сколько я думала о тебе, как скучала в своем немом одиночестве, как скучала и не могла никому об этом сказать. Я... я... — она опустила глаза, — у меня как будто нет никакого прошлого, есть только будущее, будущее.

Он взял ее за руку. Крепко сжал. Потом поставил на стол подарки и попросил ее развернуть.

Пока она занималась этим, Фредрик заказал — по ее совету — две порции лапши с особым соусом, которым гордился хозяин кафе. А также два бокала местного вина.

Женевьева была в восторге от ожерелья и сразу надела его. Оно было будто создано для ее тонкой белой шеи.

— Невероятно! — воскликнула она, развернув бутылку. — «Кастелло ди Неиве», снежный замок, как красиво! Мы разопьем ее сегодня в саду около клиники. О Фредрик, как я предвкушала эту встречу! — Внезапно лицо ее омрачилось. — Фредрик, что произошло? Тебя не было в автобусе, только твой чемодан, я испугалась, почему чемодан прибыл задолго до тебя самого?

Он ждал этот вопрос и приготовил ответ. Сказал, что, выехав из Катандзаро, по дороге почувствовал себя плохо, должно быть, из-за жары. Его вынесли из автобуса и поместили у какого-то крестьянина. Хозяин привел врача, тот не нашел ничего серьезного, посоветовал только немного отдохнуть и побольше пить. К сожалению, чемодан остался в автобусе, а у крестьянина не было телефона, чтобы позвонить в Офанес и предупредить. Ничего, теперь Фредрик здесь, жив и здоровее прежнего.

— О дорогой Фредрик, ты уж береги себя. Я плохо помню, что произошло дома, в Сент-Эмильоне, три года назад, но ты был такой храбрый, такой храбрый. Мне рассказал об этом отец. Он так тебя хвалил. Кстати, тебе известно, что наш замок перевели в разряд «Гран Крю Клас»?

— Поздравляю, вы это заслужили.

Они чокнулись и некоторое время ели молча. Теперь, когда мечта сбылась, ими вдруг овладело смущение.

Женевьева кивала, отвечая на приветствия других посетителей. Объяснила, что знакома с большинством местных жителей. Часто сиживала здесь одна во второй половине дня, последние недели могла выходить из клиники после трех часов, когда кончались процедуры. Все знали, что она ждет своего возлюбленного из Норвегии.

— Ты, правда, рассказывала обо мне? — Фредерик сделал добрый глоток вина, смущение прошло, на душе было легко и весело, его переполняла энергия.

— Конечно, я рассказывала и мечтала. Говорила о твоих фантастических познаниях в области древних культур, что ты, наверное, скоро будешь профессором, что на ярмарке вин в Бордо тебе присвоили звание

«Первоклассный знаток вин». Здесь тебя уже все знают, Фредрик.

Он повернул голову, посмотрел на незнакомые лица. Одни улыбались и кивали, другие глядели с любопытством. Однако взгляд трактирщика, который стоял в дверях заведения, не показался ему очень уж дружелюбным.

Внезапно им овладело какое-то неприятное чувство. Он предпочел бы быть здесь анонимным. Если бы никто ничего не знал о нем... Может быть, тогда обошлось бы без того кошмара на скальной полке высоко над Ионическим морем?

— В чем дело? У тебя вдруг стало такое серьезное лицо. — Она взяла его за руку.

Он прокашлялся, улыбнулся:

— Тени прошлого... У меня тоже за эти годы не раз бывало тяжело на душе. Теперь — все. Наконец-то.

— Спасибо, — тихо произнесла Женевьева. — Спасибо, что все прошло.

Они управились с фирменным блюдом синьора Ратти, и Женевьева предложила Фредрику подняться вместе с ней в сад при клинике. Дескать, там тихо, спокойно, красиво, они смогут насладиться марочным вином. Потом она покажет, где живет, может быть, познакомит с доктором Витолло Умбро. Остальные пациенты — сейчас там, кроме нее, проходят лечение еще семь человек — еще не настолько поправились, чтобы выходить из своих комнат. Есть совсем тяжелые случаи.

Они расплатились и покинули кафе. Синьор Ратти учтиво улыбнулся Женевьеве, однако отвел глаза, когда на него посмотрел Фредрик.

Они пошли вверх по улице. Фредрик обнял Женевьеву одной рукой, она поцеловала его в щеку, они смеялись, шутили, помахали сторожу на раскопе, он крикнул в ответ что-то игривое.

Перед внушительным порталом Фредрик остановился. «ОСПЕДАЛЕ ВИТОЛЛО УМБРО»... Здание было вовсе не похоже на больницу, напоминало скорее фешенебельную гостиницу. Очевидно, в прошлом здесь помещалось богатое имение.

— Посмотри. — Женевьева показала на крутой холм с замком наверху. — Там живут дядя и племянница доктора Витолло. Странные люди. Они не заходят к доктору, и он их тоже не навещает. Прежде все земли вокруг, вплоть до Кротоне на севере, принадлежали семейству Умбро. Затем поместье было разделено, и теперь доктор Витолло владеет этими постройками, а его дяде достались замок и виноградники. Виноградники долго оставались предметом спора, но те, что находились на участке, который достался доктору, он щедро раздавал крестьянам и бедным рыбакам. Насколько я понимаю, именно это стало поводом для вражды дяди и племянника. Старайся держаться подальше от племянницы — Джианны Умбро. Она красивая и опасная. Я видела ее только один раз, после чего мне две ночи подряд снились кошмары. Но я совсем тебя заговорила, тебе это ничуть не интересно. Пошли!

Она взяла его за руку и повела через ворота.

Фредрику все было интересно. Но не сейчас.

Они очутились в пышном зеленом саду с фонтанами и фонтанчиками для питья. Великолепные розы и орхидеи окружали античные скульптуры и остатки древних колонн. «Тоже своего рода музей», — сказал себе Фредрик.

В тени под деревьями стояли скамейки и маленькие столы. Из главного здания доносилась музыка, он узнал оперу Верди «Навуходоносор». Совершенный покой и гармония… Неудивительно, что здесь исцеляются от своего недуга патологически нелюдимые пациенты.

Женевьева подвела его к столу и скамейке подле цветущего куста гибискуса. Сказала, чтобы он подождал минутку, пока она сходит за бокалами и откупорит бутылку, и, сияя от радости, побежала в здание клиники.

Фредрик сидел, наслаждаясь запахами. Сильные запахи. И самый сильный — запах Женевьевы. Он закрыл глаза и стал придумывать названия для ароматов, пользуясь словами из богатой лексики древних культур. Названия, исконный смысл которых был понятен только ему, Фредрику Дрюму. Изначальный язык Земли, Геи. Архетипы из древнейших глубин. Тайная гармония, поддающаяся пониманию, если толковать ее в верном контексте. Он знал этот контекст.

Потом он открыл глаза и посмотрел прямо на солнце, не чихая.

Женевьева вернулась с большим подносом, принесла бокалы, разные итальянские сыры, мелкий синий виноград. Поставила поднос на стол, подошла к Фредрику, заставила его встать и поцеловала. Сперва осторожно, потом плотно прижалась к нему. Они соединились в долгом страстном объятии, чувствуя, как колотятся их сердца.

Наконец оторвались друг от друга, счастливо улыбаясь. У Фредрика кружилась голова, мысли путались, ему было тридцать пять, и он только что появился на свет и мог повторить за Женевьевой, что у него нет прошлого, есть только будущее.

Она наполнила бокалы. Красная влага лучилась на солнце. «Кастелло ди Неиве» 1971 года было вполне на уровне переживаемой ими минуты. Виноград созрел на лучших виноградниках Италии, вино было мягкое, букет с фруктовым привкусом, насыщенный. В нем было солнце, был снег и были цветы.

Они сели рядом на скамейку. Держа друг друга за руку, ели, пили, проникаясь ощущением волшебства. В этом саду, среди цветов и античных скульптур их можно было принять за персонажей классической баллады.

— Что здесь происходит, что помогает исцелять людей? Ведь не сидите же вы весь день и слушаете оперы? — Фредрика одолевало любопытство.

— Это трудно объяснить, — серьезно отозвалась Женевьева. — У доктора Витолло и его помощников разработана своя методика, это мало похоже на больницу. Мы сидим в чудесной комнате с видом на море. Сам доктор или кто-нибудь из его ассистентов играет на каком-нибудь музыкальном инструменте, звучат мягкие мелодии, все в душе растворяется, ты будто оставляешь свою оболочку, делаешь то, к чему все время стремился, но не мог делать из-за болезни. Хотя нет, это невозможно объяснить словами. Может быть, ты сам как-нибудь поговоришь с доктором.

Фредрик кивнул. Он что-то читал о звуковой и музыкальной терапии. Однако не представлял себе, как она действует.

— А есть такие пациенты, которым лечение доктора Умбро не помогает?

Женевьева отвела взгляд:

— Не знаю... Может быть. Наверно, это зависит от характера заболевания. — Внезапно она громко рассмеялась. — Знаешь, что тут случилось на прошлой неделе? Представь себе, этот странный дядюшка в замке на холме — кажется, его зовут Ромео — поставил на склоне какую-то жуткую машину, которая страшно шумела и мешала процедурам доктора Умбро, и тот пришел в ярость. Дядюшка твердил, что этот двигатель должен качать воду на виноградники, и сколько доктор ни протестовал, она работала круглые сутки. В конце концов Витолло купил динамит и взорвал это чудовище. После чего послал дядюшке чек на крупную сумму, чтобы тот купил электрический насос, который качает воду без шума. Насос еще не прибыл, но лоза, похоже, чувствует себя превосходно.

— Виноград галиоппо, — произнес Фредрик. — Произрастает здесь тысячу лет. Ему не нужно много воды. И вообще, искусственное орошение не годится для виноградников.

Когда в бутылке закончилось вино, Женевьева погладила Фредрика по лицу и пригласила следовать за ней, посмотреть, как она живет.

Держась за руки, они вошли в один из флигелей и поднялись по лестнице на второй этаж. Здесь в коридоре на полу лежали мягкие ковры, стены украшала современная живопись. Фредрик обратил внимание на литографии Дали, Кле и Лаксейро. Женевьева остановилась перед большой розовой дверью с резьбой, напоминающей минойское искусство. «Этот доктор — богач», — подумалось Фредрику.

Она открыла дверь и застенчиво улыбнулась ему.

Они вошли в большую светлую комнату. Мебель в стиле рококо, стены обтянуты голубым шелком. Диван, стол, стулья, люстра под потолком, кровать с балдахином; дверь в глубине комнаты вела в ванную. Глядя на роскошную кровать, Фредрик сказал себе, что здесь не требовался «священник», воздух был чист и сух.

Надо думать, изрядная часть продукции папы Briссо уходила на то, чтобы оплатить лечение дочери. Но здоровье Женевьевы — дороже всего на свете.

Она закрыла дверь, заперла на замок, сбросила туфли и обняла Фредрика за шею.

— Пойди ко мне, — прошептала она. — Я три года ждала тебя. Мечтала, представляла себе, что ты со мной. Теперь ты здесь. Живой, настоящий. *Мой* Фредрик.

Они осторожно сели на кровать, объятые взаимным притяжением. У обоих были серьезные лица, они хотели, чтобы то, что сейчас должно было случиться, навсегда запечатлелось в глубинах души.

Они легли рядом. Он ласково прикоснулся к ее лицу, она поцеловала его — сперва нежно, осторожно, потом страстно, они прижались друг к другу, гладили трепещущую кожу.

Он бережно провел рукой по ее спине, по животу, по бедрам, и она шептала ему самые французские из всех французских слов.

Время перестало существовать.

Однако время существовало. Когда Фредрик Дрюм наконец всплыл на поверхность, солнце уже зашло. Он приподнялся, сел на край кровати.

Он смотрел на обнаженное тело Женевьевы. Она лежала с закрытыми глазами, на ее губах играла таинственная улыбка. Он в жизни не видел такой красоты. Женевьева Бриссо была *Идея*. А он — *Идея* Дрюм. Фредрик с трудом сдержал чих.

Он осторожно встал, поискал взглядом дверь ванной, хотел принять душ.

— Ванная прямо. Можешь вытереться большим синим полотенцем. — Она сказала это тихо, мягко, не открывая глаза.

Он рассмеялся, бегом пересек комнату и закрыл за собой дверь.

Стоя под душем, он пел. Вспомнились мелодии, забытые много лет назад. Слова сами просились на язык. «Дэви Крокет» и «Желтая Роза Техаса». «В саду моего отца» и «Марсельезу» исполнил по-французски, грассируя, словно Пиаф.

Женевьева последовала за ним.

Одеваясь, они не сводили друг с друга влюбленных глаз.

Женевьева предложила спуститься вниз, в гостиную, выпить чая. Фредрик колебался — не нарушил ли он больничный распорядок? Что подумает персонал — Женевьева с алыми щеками и красноречивым взглядом, и сам он, предельно возбужденный, вот-вот взлетит к небу, будто наполненный гелием шар.

Все же она его уговорила.

Пока Фредрик рассматривал гостиную, Женевьева вышла за чаем в соседнее помещение. Венецианская мебель. Персидские ковры. Комод — настоящий чиппендейл. Картины Гогена, Моне, Фортензолы. Окна с витражами в свинцовых переплетах. Витолло Умбро принадлежал к богатому семейству. И пациенты, приезжающие со всего мира, наверно, платили немало. Он делал чудеса.

В одном углу гостиной сидела пожилая женщина. Брильянтовые браслеты, кольца, ожерелья… Она сидела неподвижно, глядя в пол.

— Английская графиня, — прошептала Женевьева, ставя чашки на стол. — Сорок лет молчала как убитая, а доктор Умбро добился того, что она дважды разразилась грубой бранью. И это за какую-нибудь неделю, что она здесь.

Фредрик кивнул — недурно.

— Да, интересное место, этот Офанес. — Он отпил чая. — Тебе известно что-нибудь про здешние раскопки? Говорят, тут нашли что-то сенсационное?

Она мотнула головой:

— Я не совсем в курсе. Но в селении многие говорят о них. Кое-кто недоволен, другие считают, что это здорово. — Женевьева примолкла, о чем-то задумалась, потом продолжала: — Фредрик. Надеюсь, ты приехал сюда навестить *меня*. Прошу тебя, не вмешивайся ни в какие дела. Будем радоваться, совершать длинные прогулки каждый раз, когда я буду свободна. К развалинам ходить не станем, заберемся куда-нибудь подальше, понял?

Он ничего не понял, но не стал возражать. Заметил, как на миг омрачилось ее лицо. Вспомнила что-то из прошлого — или что-то случилось здесь? Для чего обходить развалины стороной?

Мальчики. Марко Албелли и Альдо Пугги. Погибли у раскопа.

Не вмешиваться? Он *уже* замешан. Но не станет говорить Женевьеве про свои дела с профессором д'Анджело. «Кодексом Офанес» может спокойно заниматься по утрам. Это его хобби, развлечение, ничего существенного. Конечно же, он приехал, чтобы навестить Женевьеву.

— *Ты любишь меня, Фредрик?* — Она наклонилась над столом и посмотрела на него большими карими глазами, шепотом произнося слова, которые оставались невысказанными за те немногие часы, что они провели вместе.

— Да, Женевьева, я люблю тебя. — Он мог прокричать это на все селение, потому что в самом деле полюбил Женевьеву Бриссо при первой же встрече.

Он подняла свою чашку, быстро опустила.

— Я... я хотела бы побывать в Норвегии. Могла бы стать хорошей... хорошей помощницей тебе в «Кастрюльке». Если я вам нужна.

Сказано откровенно, без экивоков. Это случилось вдруг, и голос ее звучал так искренне, и, конечно же, он все время желал этого, только не смел верить, что это возможно. Женевьева и он! Тоб будет в восторге. У «Кастрюльки» появится своя королева — настоящая королева изысканных вин.

— Приезжай, когда захочешь... если я тебе нужен... вместе мы построим замок... «Премьер Гран Крю Клас»... такой, как...

Он запнулся. Фредрик Дрюм запинался! То, что он сейчас говорил, было для него так ново, так непривычно.

В эту минуту в гостиную вошли двое мужчин, один — высокий, седой, с орлиным носом и острыми скулами, в простом вельветовом костюме, другой — примерно тех же лет, что Фредрик, худощавый, нескладный. Улыбаясь, они подошли к Женевьеве и Фредрику.

— Вот ты где сидишь, прелестная мадемуазель. Ага, вот в чем дело, наконец-то появился долгожданный, в самый раз, в самый раз, самые знаменитые итальянцы не заменят синьора Дрюма. Я ведь не ошибаюсь, ты — Фредрик Дрюм?

Фредрик стремительно поднялся, пожал протянутую руку.

— Витолло Умбро, рад служить. Если ты утратил дар речи, то попал как раз туда, куда следует. — Он рассмеялся. — А это мой ассистент, доктор Пинелли, доктор медицины, психологии и музыки.

Фредрик пожал руку худощавого гения, открывая и закрывая рот, словно рыба, выброшенная на сушу.

— О доктор Витолло, я так счастлива! Посмотри, какое чудесное ожерелье он привез мне. Это сделали лопари. И когда ты выпишешь меня, я только загляну домой, а оттуда — прямиком отправлюсь в Норвегию! — Женевьева сияла от радости.

— Теперь уже скоро, ты молодцом. — Умбро сел рядом с ними, улыбаясь; Пинелли направился к английской графине, которая сохраняла полное молчание. — Вот так, синьор Дрюм. Наше заведение выглядит недурно, но ex nihilo nihil — ничто не возникает из ничего, и за этим, скажем так, довольно роскошным фасадом кроется многолетний труд. Плюс, разумеется, кое-какие унаследованные остатки былого величия.

Он весело рассмеялся, и Фредрик наконец пришел в себя.

— Конечно, доктор Витолло. Arcana publicata vilescunt, et gratiam prophanata amittunt, ergo ne margaritas objice porcis, seu asinus substerne rosas*. — Он выпалил эту латынь, сам не очень понимая ее смысл и сомневаясь, подходит ли цитата к случаю. Но слово не воробей.

Женевьева недоуменно смотрела на них.

— Ну-ну, не будем скромничать, — сказал доктор Витолло. — Но ты согласен — твоя возлюбленная идет на поправку?

— Невероятно, — тихо произнес Фредрик. — Хотел бы я знать, каким волшебством ты владеешь, моя воля — так ты давно получил бы Нобелевскую премию.

Витолло Умбро сделал серьезный вид и наклонился над столом, обращаясь сразу к обоим:

— В моей области методы не оцениваются по результатам. К сожалению. Признанные методы — сфера различных светил, гуру в области медицины и психиатрии. То, что делаю я, очень просто, но не получило признания. Музыка служит мне вспомогательным средством при лечении острых и хронических душевных расстройств. Никаких лекарств. В большинстве случаев нам удается исцелять больных сенсорной и моторной афазией, если только она не вызвана развивающейся опухолью. Мы специалисты по врожденной афазии, так называемой глухонемоте. Сенсорная

---

* Разглашенная тайна уже не тайна, от профанации теряет цену, так не мечите бисер перед свиньями и не стелите ослу розы *(итал.)*.

афазия примитивизирует речь, здесь помогает активная стимуляция левого полушария мозга. Что касается аутизма, то он, как известно, развивается на основе шизофрении, это трудно излечимое заболевание. Больной живет в воображаемом мире, мало интересуется реальным окружением. Повседневная действительность, как правило, им не воспринимается. Но на них можно воздействовать музыкой! Если правильно ее использовать. Без преувеличения берусь утверждать, что семьдесят процентов случаев аутизма поддаются лечению. Нужны только терпение и время. — Доктор Умбро закурил сигарету и продолжал: — У Женевьевы совершенно особенный случай. — Он лукаво подмигнул ей. — Тут не было ни афазии, ни шизофрении. Некоторые участки мозга были блокированы отравлением в сочетании с психическим шоком. Случай очень простой, она сразу же начала реагировать на наши воздействия. И она будет — вернее, она *уже* совершенно здорова, можно не сомневаться. Мы проведем лишь кое-какие исследования для нашей копилки опыта. И рецидива не будет. Можешь спокойно отправляться на север к белым медведям, прекрасная мадемуазель!

Он взял руку Женевьевы и галантно поцеловал ее.

— Гениально. — Фредрик был поражен.

Седовласый доктор производил симпатичное впечатление, и Фредрик даже подумал, не назваться ли самому больным афазией, чтобы подвергнуться восхитительному лечению музыкой. Глядишь, станет шевелить мозгами так, что без труда прочтет все трудные места «Кодекса Офанес».

— А теперь, дети мои, вынужден вас покинуть. Мне предстоит поработать два часа с одним упорным американцем, который последние десять лет ни с кем ни общается, кроме своей зубной щетки, после того как его бросила жена. Ты здесь всегда желанный гость, синьор Дрюм, чувствуй себя как дома, подобно всем моим гостям и пациентам. Buona notte!

Доктор Умбро еще раз пожал ему руку и удалился.

— Синьор Витолло — сплошной источник радости для всех нас! — воскликнула Женевьева.

— Похоже на то, — отозвался Фредрик. — За исключением, конечно, дядюшки в замке там наверху.

— Почему ты так говоришь? Что тебе о нем известно?

— Нет-нет, не обращай внимания. Я ничего не знаю и знать не хочу. Кроме одного: *ты в самом деле хочешь приехать в Норвегию,* я не ослышался?

— О, ты такой милый, такой глупый! Конечно хочу. Норвегия приснится мне сегодня ночью... — Женевьева закрыла глаза и вздохнула.

«Глупый Дрюм, дрюммелилюм», — сказал он себе, глядя на кувшинки Моне. Зеркальная гладь, никаких утопленников и водяных.

Доктор Пинелли все еще сидел рядом с безмолвной графиней. Вечерело, и Фредрик заметил, что ему, пожалуй, пора уходить.

Женевьева кивнула и вызвалась проводить его до ворот.

Выходя из гостиной, они услышали хриплый грубый голос:

— Fuck my ass, you dego!

Безупречное оксфордское произношение. Английская графиня явно шла поправку.

— Спокойной ночи, любимый. Спасибо за чудесный вечер. — Она поцеловала его, они стояли, обнявшись, в воротах. Кругом было темно, и всякие звуки тонули в хоре цикад. — Ты придешь завтра? Придешь в мою комнату? Я буду ждать тебя в четыре часа, дорогой Фредрик, не опаздывай, я уже сгораю от нетерпения!

— Я приду, Женевьева, не сомневайся. Спокойной ночи, любимая.

Он махал ей рукой, пока она не вошла в дом. Романтика, Фредрик, говорил он себе, пробираясь вниз в темноте, романтика — мать высокопарных слов. Самая банальная, чистопробная форма поэзии, Idolae flosklum. Но как же чудесно слышать, как кто-то говорит: «Я сгораю от нетерпения!» Говорит *искренне*. Он и сам сгорал, как никогда. Этот день, его вторая половина превзошли его самые смелые ожидания. Фредрик, можно сказать, был влюблен в хорошую пищу, в хорошее вино, в шифры. Теперь он, сверх того, был *просто* влюблен. Самый чистый, самый простой, самый банальный вид влюбленности. И самый натуральный.

Не зная дорог, он чувствовал себя не совсем уверенно в темноте. Видел огни селения метрах в ста впереди. Различал очертания частично разрушенного большого здания, за которым находилась гостиница. И одиноко горящую лампочку — в «Альберго Анциано Офани». Почтенный хозяин гостиницы, синьор Гаррофоли, явно экономит электричество.

Однако Фредрик Дрюм располагал временем, не спешил возвращаться в монашескую келью. Вот и участок с раскопом, слабо озаренный огнями селения; он рассмотрел лежащую возле дороги колонну. Подошел к ней и сел. Часы на церковной башне пробили одиннадцать.

Итак, ему предстоит пробыть здесь две недели. Женевьева здорова. Через два-три дня приедет профессор д'Анджело. Рано или поздно придется рассказать ей про «Кодекс Офанес». Вроде бы нет никаких причин делать из этого тайну? *Но она чего-то опасается.* Ей что-то известно? Как-никак она живет тут не первый месяц и, *если* происходит что-то неладное, могла это заметить. Женевьева хочет, чтобы *он* не вмешивался ни в какие дела. Он рассмеялся.

Фредрик Дрюм родился любопытным. Умрет с вопросом на губах. Всего каких-нибудь два дня назад в воздухе над скалами у Ионического моря, куда его хотели сбросить полицейские, витал таинственный вопрос, который так и остался без ответа. И Фредрик опасался, что человек, знающий ответ, отнюдь не шутник.

Он встал и побрел к гостинице. Над входом и впрямь горела лампочка. Дверь была не заперта.

— Синьор Дрюм.

Басовитый голос хозяина донесся откуда-то из темноты в ту самую минуту, когда Фредрик переступил порог. Он вздрогнул. Присмотревшись, увидел темный силуэт в углу. Тут же зажегся свет.

— Si, синьор, это я. — Он старался говорить весело; мрачный облик синьора Гаррофоли мог хоть кого испугать.

— У меня есть ключ для тебя. Ключ от наружной двери. Сейчас постояльцев мало, поэтому мы обычно ложимся рано. Можешь приходить и уходить, когда захочется. — Он протянул Фредрику ключ.

Православный епископ, сказал себе Фредрик. Или приор — настоятель монастыря. Облик Гаррофоли отлично сочетался с обстановкой.

— Grazie, синьор Гаррофоли. — Он взял ключ, положил в карман.

— Вообще же, — продолжал хозяин, — не очень желательно, чтобы ты уходя брал с собой также ключ от номера. Полагаю, он лежит у тебя в кармане? — спросил Гаррофоли извиняющимся тоном.

Фредрик виновато кивнул:

— Конечно, синьор. Кажется, утром я не очень соображал спросонок. — Ему не терпелось возможно скорее подняться к себе. — Непременно буду помнить.

Фредрик зашагал по коридору к каменной лестнице.

— Только еще одна вещь, синьор Дрюм. Просто, чтобы ты знал и не удивлялся. У меня сейчас кое-какие проблемы, так что ты нечасто будешь видеть меня здесь, в вестибюле. Не сочти это знаком дурного воспитания. Меня знают в селении как человека вежливого и щепетильного. Держу эту гостиницу больше двадцати лет, и она пользуется доброй славой. Buona notte. — С этими словами он исчез за какой-то дверью.

Фредрик остановился. Потом покачал головой и поднялся в номер.

«Священник» озарял комнату уютным сиянием, и воздух был совсем не такой сырой, как утром. Бумаги Фредрика лежали в том же порядке, в каком он их оставил.

Он зажег керосиновую лампу и, подкручивая фитиль, увидел, что на стене появилась рамка с новой латинской цитатой. Короткой и выразительной: «Moritori te salutant».

«Идущие на смерть тебя приветствуют».

4

Погружение в герметику, прощание с синьором Лоппо, и Фредрик Дрюм следует за светом в темноте

Фредрик Дрюм резко поднялся на кровати. Часы показывали без четверти три. Он был уверен: ему не приснилось, его разбудил какой-то звук.

Он прислушался в темноте.

Вот опять! Протяжная жалобная песня, печальная мелодия, то громче, то тише, то режущая ухо фальшивыми нотами, то плавная и гармоничная. Кто-то поет в коридоре? Он повернул голову в одну, в другую сторону, но не смог определить, откуда этот звук.

Фредрик зажег керосиновую лампу, прикрутил фитиль так, что она светила совсем слабо. Надел рубашку, брюки. Что-то в этой гостинице разжигало его любопытство.

Порывшись в чемодане, он нащупал маленький фонарик. Подошел к двери, приложил ухо к замочной скважине. Звук шел откуда-то снаружи, может быть, из какого-то другого номера?

Он приоткрыл дверь. В коридоре царил кромешный мрак. Звук не усилился, но теперь Фредрик смог определить, что он исходит из номера в самом конце коридора. Не включая фонарик, он стал прокрадываться туда, прижимаясь к стене. Голос — женский, и порой казалось, что в нем звучит беспредельное душевное терзание.

«Зачем это мне?» — спросил себя Фредрик и остановился. В самом деле, разве нельзя женщине ночью в песне выражать свои горести и радости без помех со стороны постояльца, какого-то туриста? *Но он уверен, что это именно песня?* Фредрик снова побрел вперед.

Дойдя до двери, из-за которой доносился звук, он помешкал, наконец осторожно нажал на ручку. Дверь отворилась внутрь.

В лицо ему дохнуло холодной сыростью. Он ничего не увидел, в комнате не было света. И что странно: пение не зазвучало громче. Судя по всему, номер был пуст. Он подождал минуту, другую. Включил фонарик и посветил.

Нельзя сказать, чтобы увиденное удивило его. Комната выглядела почти так же, как его собственный номер. Ни души... Он посветил на стены — откуда-то должен идти звук? В глубине комнаты стоял большой, тяжелый кедровый гардероб. Может быть?..

Он подошел к гардеробу, открыл дверцу. Звук усилился. Однако сколько ни рассматривал Фредрик внутренность гардероба, ничего не увидел. Его не удивило бы, если бы там лежал работающий магнитофон, но в гардеробе было пусто, совершенно пусто. Он повел ладонью по стенке внутри, внезапно в руку ему впился здоровенный паук. Фредрик испуганно отпрянул, ощутил сильнейший удар по голове, из глаз посыпались искры, потом все почернело.

Придя в себя, он обнаружил, что лежит на полу. Было холодно, и он не сразу сообразил, где находится. Наконец вспомнил. Потрогал голову, нащупал справа огромную шишку. В комнате царила тишина. Ни звука. Густой мрак.

С трудом поднявшись на ноги, он ощутил дикую боль в виске. Поискал ощупью фонарик — нашел: он закатился под огромную кровать. Ну конечно, Фредрик ударился головой о перекладину балдахина над кроватью.

— Идиот! — прошипел он.

Добравшись через несколько минут до своей комнаты, он напился воды из стоящего на тумбочке стакана. Место укуса на руке жгло довольно сильно, но Фредрик не придал этому значения. Пение прекратилось.

Пение?

Он взялся за голову и застонал. Разделся и постоял перед комодом, глядя на дурацкую латинскую цитату. *«Идущие на смерть тебя приветствуют»*. Слова гладиаторов, адресованные Цезарю на Форум Романум. Он взял лист бумаги и решительно написал большими буквами: «Plaudite, cives!» «Аплодируйте, граждане!» Прикрепил лист к стене ниже рамки. Последний знак милости Цезаря обреченным.

Приняв душ, он осмотрел в зеркало шишку на голове. Хороша. Залепил пластырем паучий укус.

Фредрик проснулся рано в отличном настроении. На часах не было еще и восьми. Ночные странные события казались нереальными. Зато вполне реальной была вчерашняя чудесная встреча с Женевьевой.

— Женевьева, — громко произнес он, продолжая рассматривать себя в зеркале.

Подмигнул сам себе. Кажется, в жизни Фредрика Дрюма предвидится перемена? Он робел, сторонился женщин. И то, что произошло вчера, оставило глубокий след в душе. Он все еще слышал запахи. Скоро снова увидит ее. «Бурбон!» — сказал он сам себе. Редкий случай самокритики.

Выйдя в коридор, он постоял несколько секунд перед дверью в комнату, куда заходил ночью. Не удержался — потрогал дверную ручку. Дверь была заперта.

До четырех часов, когда он встретится с Женевьевой, было ох как далеко. Он поймал себя на мысли, что все прочее — пустяки. Не лучше ли махнуть рукой на всю эту затею с «Кодексом Офанес», забыть про раскопки, про Донато д'Анджело и попросить Женевьеву поскорее собрать вещички, чтобы они вместе убрались отсюда, прежде чем он окажется замешанным в какие-то каверзные дела? У Фредрика Дрюма было острое обоняние, и он уже учуял знакомое амбре. Или он преувеличивает? Склонен *во всем* видеть подвох только потому, что кто-то зло подшутил над ним по пути в Офанес?

— Фредрик, — громко обратился он к себе, садясь на кровать. — На этот раз ты обуздаешь свою любопытство, станешь держаться подальше от всего, что тебя не касается. О'кей?

И сам ответил:

— О'кей.

Но *думать* тебе не запрещено? Конечно нет. Думать можно сколько угодно. В этой комнате, в этой келье он может размышлять спокойно, без помех. Например, о *взаимосвязях.* О возможной связи между своим пребыванием на скальной полке и смертью двух подростков. Очень просто: в обоих случаях объекты, в большей или меньшей степени, имели касательство к сделанным здесь археологическим находкам. Можно думать о возможной связи между появляющимися на стене его номера загадочными латинскими изречениями и песней, которую он слышал ночью. Добавив к этому слова хозяина гостиницы о каких-то проблемах. Тут олицетворением связи могла быть Андреа, та худая женщина — экономка? любовница? — что бродит по дому с испуганным и мрачным видом.

Взаимосвязей может быть много. Но ему недостает нужных звеньев. Гадать бесполезно. Надо сосредоточиться, оттачивать смекалку.

Последующие два часа он оттачивал ее, оперируя Трифемо-Шампольонским винтом. Всякими хитроумными способами подбирал ключи к *фрагменту № 233 XII* в «Кодексе Офанес». Примерял тайнопись арабского мудреца аль Маль-ах-Квида, перемещался в Тибет и проверял пригодность огненного письма Четырнадцати Священных Монахов из Тилиндских книг. Расчленял корни в Тетраграмматоне шумеров, подыскивая новые подходы. Перебрал сорок важнейших криптосистем, развитых Трифемом, обратился к пиктограммам и орнаментальному письму древних ликийцев. И все напрасно. Четыре строки таинственных знаков не поддавались, он не видел ни малейшего просвета. Не видел даже намека на какой-то след.

Однако за этим занятием восприятие обострилось, глаза, проникая сквозь толстую каменную стену, видели замок на вершине холма, видели ворон, сидящих на веревке с сохнущим на ветру бельем. Больших черных хриплых ворон, которые взмыли в воздух, когда какая-то женщина принялась убирать белье.

Фредрик достал несколько толстых томов «Античной философии». Открыл — сперва наугад, потом все более целенаправленно углубился историю пифагорейцев. Самосец Пифагор поселился в Кротоне. Не исключено, что развалины, раскопанные здесь, в Офанесе, как-то связаны с последователями Пифагора. Может быть, решение загадки, дешифровку кода следует искать у этого знаменитого философа?

Пифагор и впрямь был выдающейся личностью. Сколько всего понаписано о его жизни и учении. Философ и поэт Ксенофан («Ксенофан — Офанес?» — записал Фредрик в своей тетради), касаясь своей веры в переселение душ, рассказывает, как его мудрый учитель, увидев, что кто-то избивает собаку, велел прекратить это, потому что в эту собаку вселилась душа одного из его друзей, коего он узнал по ее голосу. В разных сочинениях Пифагор представал как чудотворец и обладатель чуть ли не сверхъестественного провидческого дара, ему приписывали родство с мудрыми богами Востока. Пифагор вполне мог быть аналогом персидского Заратустры или египетского Гермеса Трисмегиста.

«Индийский мистицизм?» — продолжал размышлять Фредрик. Философия *санкхья*... Может быть, в ней истоки учения Пифагора?

В представлении Пифагора душа была высшим, богоподобным существом — *демоном,* привязанным к материальному миру до своего очищения, после которого она может вернуться к своему божественному началу.

Однако, вместо того, чтобы углубиться в мистицизм и аскетическое самоограничение с выходом в метафизику, пифагорейцы занимались арифметикой, геометрией и астрономией. Математика служила орудием для очищения души. И была развита Евклидом, Аристархом и Архимедом.

Фредрик задумался. Учение Пифагора как раз могло быть метафизическим! Метафизика стояла над науками о числах и понятиях, каковые служили только средством для высшего познания. О'кей. О'кей — арифметическая метафизика видела основу основ в числах. А как же с *применением* чисел? *Эрметика,* сказал себе Фредрик. Каббалисты и тамплиеры, алхимики и современные гадалки — все они опирались на ту же идею, что Пифагор. Его философия в конечном счете могла вылиться в чисто герметические, скрытые формы.

Интересно, сколько тысяч ученых — исследователей Античности и философии — рассуждали так же, как он сейчас? Но не располагали доказательствами.

Быть может, доказательство лежит на столе перед ним: четыре загадочных строки *фрагмента № 233 XII.* У Фредрика побежали мурашки по спине. Только теперь до него дошло, какое значение может получить удачная дешифровка этого текста.

Два часа он не отрываясь продолжал читать исследования, посвященные пифагорейцам. Под конец у него так подвело живот, что он вспомнил о необходимости позавтракать.

По пути в трактир он бормотал себе под нос два слова, два понятия из учения пифагорейцев: *перас* и *апейрон.* Совместимость и несовместимость противоположностей. В каждой паре противоположностей содержится некое напряжение, невидимое силовое поле, которое, собственно, суть причина противоположности. Кто постигнет это силовое поле и овладеет им, тот откроет сокровеннейшую дверь познания.

Владелец кафе синьор Ратти угрюмо поздоровался с Фредриком, когда тот подошел к нему, чтобы заказать завтрак.

— Ave*, Бахус! Дивное солнце над античным ландшафтом. Вина, синьор Ратти, после завтрака — лучшего вина из недр твоего погреба!

То ли его итальянский страдал изъянами, то ли трактирщик, невесть почему, его не жаловал, так или иначе, когда Фредрик управился с завтраком, Ратти продолжал стоять в дверях, не замечая его, и ковырял в зубах зубочисткой. Добрым вином и не пахло.

Фредрик решил взять быка за рога.

Он встал, подошел прямо к входу редко используемого внутреннего помещения кафе, протиснулся мимо трактирщика и остановился, осматриваясь кругом. Тотчас рядом возник Ратти и осведомился, что ему угодно.

— Ищу вход в винный погреб, — ответил Фредрик, глядя прямо в глаза Ратти. — Хочу посмотреть на твои запасы доброго вина.

— Смотреть? На вино? — Ратти пожал плечами. — У меня и здесь вино есть.

Он показал на полку над стойкой бара. Фредрик мотнул головой:

---

* Приветствую *(итал.)*.

— Нет, синьор. У тебя есть другое вино. Хорошее вино. Покажи свои запасы. — Он скрестил руки на груди, показывая, что не собирается выходить наружу.

— Си, си, синьоре Дрюм. Конечно, ты получишь хорошее вино. Значит, хочешь посмотреть? — На лице Ратти вдруг появилась странная улыбка.

— Да, посмотреть, — ответил Фредрик.

Следуя за трактирщиком, он спустился по лестнице в подвал и в самом деле увидел винный погреб, на полках штабелями лежали бутылки.

— Здесь, — трактирщик смущенно прокашлялся, — здесь много хороших вин. Лучшие местные вина, чтоб ты знал. «Сиро», «Мелисса», «Капо Риццуто», вина из Пули и Базиликаты. А вон там в углу у меня несколько ящиков «Классико».

Фредрик присвистнул, он никак не ожидал такого роскошного выбора. Но почему Ратти держался так неприветливо?

— Синьор Ратти, — сказал он. — Это изумительно. Попрошу тебя выбрать бутылку вина, которое ты относишь к самым лучшим местным маркам.

— Как-как? Ты серьезно? — Трактирщик недоверчиво посмотрел на Фредрика. — Я знаю, во всяком случае, на каком вине остановился бы сам, если бы решил отметить какое-нибудь событие. Вот.

Он взял бутылку с одной из полок.

Фредрик прочел на этикетке: *«Прелюдио но. 1. 1975»*. «Звучит красиво», — подумал он и кивнул:

— Спасибо, синьор, беру эту.

Он поднялся наверх, вышел на солнце, сел за свой столик.

— Странно, — пробормотал он себе под нос. — Весьма странно.

Следом за ним появился Ратти, неся бутылку и большой бокал. Тщательно вытер их полотенцем, затем осторожно откупорил бутылку и налил немного вина в бокал.

Фредрик не стал спешить. Долго принюхивался к запаху вина, чуть-чуть пригубил, дегустируя, сделал несколько быстрых маленьких глотков. Посидел с закрытыми глазами, ворочая языком во рту. Наконец посмотрел на трактирщика и сказал:

— Синьоре Ратти, ты оказал мне большую честь. Это великое вино, *поистине* великое. Мягкое, но не вялое, с богатым цветочным ароматом, долго живет во рту и подстегивает воображение. Как раз то, что мне сейчас нужно.

На лице Ратти появилось что-то вроде удивления, и он не сразу вернулся внутрь своего заведения.

На какое-то время Фредрик забыл обо всем постороннем. Он нюхал, смаковал, причмокивал языком, глотал, упиваясь новыми для него вкусовыми ощущениями. Между глотками бормотал странные слова из диалекта одного южноамериканского индейского племени, диалекта, в котором для единственного норвежского наименования H_2O «вода» была сотня синонимов. Это позволило ему точно выразить свое впечатление и дать названия новым запахам и вкусовым ощущениям.

Сюда бы сейчас Тоба, его товарища по «Кастрюльке» в Осло! Круглые очки Тоба запотели бы, в такой восторг привело бы его знакомство с неведомым доселе выдающимся вином. Но Тоб занят стряпней дома в Осло.

Фредрик выпил почти половину бутылки, прежде чем вернулся к действительности. Синьор Ратти не показывался. В это время дня Фредрик был единственным посетителем кафе. Куда делся трактирщик? Как-то странно он себя ведет. Но когда Фредрик похвалил вино, лицо Ратти вовсе не было враждебным. Скорее, на нем появилось нечто вроде испуга.

Испуг... С какой стати кому-то бояться Фредрика?

Он наслаждался солнцем и вином. Ближе к двенадцати начали появляться другие посетители. Заказывали водку, кофе, рюмки какого-то зеленого напитка. Преобладали мужчины, среднего возраста и постарше. Многие учтиво здоровались с Фредриком, и он кивал в ответ улыбаясь.

Он поглядел на замок на холме. Сегодня там не сушилось белье. Зато по широким петлям крутой дороги спускались двое — мужчина и женщина.

У развалин никто не трудился, только сторож, синьоре Лоппо, бродил по участку, почесывая затылок.

Доброе вино и мирное утро настроили Фредрика на веселый лад. Точно так же действовали мысли о том, что ждало его во второй половине дня. «Был он винолюб великий и не менее великий женолюб», — слова древней саги о соотечественнике Фредрика Дрюма, короле Магнусе Эрлингсоне, вполне можно было отнести к нему самому. Он подмигнул двум старикам за соседним столиком, любителям местной водки.

На площади появился загорелый плечистый мужчина. Черная шляпа его отлично гармонировала с лихими завитками усов. Судя по одежде, это был тот мужчина, которого Фредрик видел спускающимся по дороге из замка.

С появлением нового лица кругом воцарилась тишина. Люди перестали беседовать, многие принялись усиленно рассматривать столешницы. Фредрик вопросительно посмотрел на своих соседей, и один из стариков прошептал, наклонясь к нему:

— Иль Фалько!

Иль Фалько — сокол... Подходящее прозвище. Вон как высоко свил свое гнездо. Итак, вот он — Ромео Умбро, владелец замка и окружающих его виноградников. Злой дядюшка доктора Умбро, который устанавливает адские машины на склоне за клиникой, мешая лечебным процедурам. На вид — ненамного старше племянника.

Ромео Умбро постоял, покачиваясь с пятки на носок и внимательно изучая посетителей кафе. Острый и пристальный взгляд, отметил Фредрик, не зря он получил такое прозвище. Синьор Ратти испуганно метался между столиками, убирая пустые чашки и рюмки.

Глаза Умбро остановились на Фредрике Дрюме. На губах возникло подобие улыбки — или это была гримаса? — и он решительно подошел к столу, заслонив собой солнце.

Фредрик вопросительно наморщил лоб.

— Синьор Фредрик Дрюм из Норвегии. — Низкий голос не спрашивал, а утверждал. — Понятно, кто же еще станет пить самое дорогое местное вино среди белого дня?

Не спросив разрешения, он опустился на свободный стул.

Настроение Фредрика нисколько не омрачилось, и он продолжал вопросительно глядеть на Иль Фалько.

— Ромео Умбро. — Протянул тот пятерню для крепкого рукопожатия. — Норвегия, — продолжал он, откидываясь назад на стуле. — Норвегия, Норвегия. Тупые слабоумные болваны. Нахальные петушки, сопляки, надутые протестанты. Зазнайки, червяки и слизняки. Рожденные в глыбе льда, оттаявшие под холодным солнцем, выросшие с инеем за ушами и ледышками под носом, распятые в своем неверии, умершие и погребенные в вечной мерзлоте! *И вы еще приезжаете сюда и думаете, будто что-то знаете!*

Последние слова он выкрикнул так громко, что Фредрик испуганно отпрянул, чуть не опрокинув свой бокал.

Кругом царила гнетущая тишина.

— Scusi, синьор, будьте любезны немедленно выйти из-за этого стола, я вас не знаю, и у вас нет никакого права...

Кулак Ромео Умбро обрушился на столешницу с такой силой, что бутылка с вином едва не упала.

— *У меня нет права?!* Помалкивай, арктическая жаба, здесь, в Офанесе, я распоряжаюсь, а не ты с твоими приятелями. Посмотри кругом: эти виноградники, оливковые рощи, порт, замок — все принадлежит мне, без меня и моего семейства здесь была бы сплошная выжженная пустыня с кактусами. И если *это* тебе невдомек, обмотай себя серой бумагой и уноси отсюда ноги, пока они тебя еще держат.

Он щелкнул пальцами, и тотчас Ратти поставил на стол перед ним стаканчик водки.

— Клиника тоже вам принадлежит? — Фредрик опомнился и позволил себе съязвить.

— Ни слова о клинике, наглая дворняжка! — Умбро стукнул по столу пустым стаканчиком. — Этот аристократ из подворотни, этот мой племянник может куда угодно перенести свою психбольницу, вон сколько денег у него. С чего это он занимает мои лучшие земли? А? По мне, так пусть он сам и эти немые шлюхи, перед которыми он ползает на коленях, убираются на Северный полюс.

Фредрик пытался понять, почему этот человек так кипятится. Причиной дикой брани должен быть какой-то серьезный конфликт. Но как могло присутствие ни к чему не причастного Фредрика подлить масла в огонь этого конфликта?

— Вы не могли бы выражаться яснее, чтобы я мог понять, на какую из ваших мозолей наступил? И чем вам так насолили именно норвежцы? — Он спокойно налил себе еще вина.

— Болван! — фыркнул Ромео Умбро. — Если у тебя мозгов чуть больше, чем у мухи, сам знаешь ответ. Но если ты глуп, как пробка, то мои ответы находятся вон там. — Он показал на замок на холме. — А вообще, ты не вправе ждать ответов. То, что ты, по-твоему, знаешь — ложь, а что надеешься узнать — фантазия, плод больного рассудка. Тебе лучше всего поскорее убраться отсюда. Пока не завернули в серую бумагу. Cur, quomodo, quando* — такие вопросы лишены смысла в Офанесе.

Он резко поднялся, пронзил поочередно взглядом всех присутствующих, вышел из кафе и размашистым шагом направился к церкви.

---

* Почему, как, когда *(итал.)*.

Кругом сразу зашумели. Фредрик тряхнул головой и облегченно вздохнул. Двое мужчин помоложе подошли к нему и справились, как ему показались когти Иль Фалько.

— Знай, straniero, он настоящий зверь. Тиранит нас всех без разбора. Воображает себя этаким средневековым феодалом. Все новое, незнакомое ему ненавистно. Был бы ты здесь, когда два года назад начались раскопки! Кричал, что земля его, виноградники тоже. Призвал на помощь всех продажных юристов в Калабрии и Сицилии, но проиграл, конечно. А что до нас, то мы были только рады. Раскопки, клиника эта привлекают сюда людей, привлекают туристов, на которых и мы зарабатываем.

— Спасибо, синьоры. Спасибо, что объяснили. А то я уже было подумал, будто я для вас все равно что муха в котлете.

— Если тебе понадобится помощь, только скажи. У нас найдется время и найдутся работящие руки. Меня зовут Лоренцо Карли, моего друга — Паоло Серверо.

Они вежливо поклонились и вернулись к своим столикам.

От действия хорошего вина не осталось и следа. Бутылка почти опустела, Фредрик не стал тревожить осадок.

Пока тебя не завернули в серую бумагу. Он размышлял над этой угрозой. Это итальянское выражение можно было толковать двояко. Либо «тебя положат в гроб и закопают в землю», либо «тобой будут манкировать». Так или иначе — угроза. Серьезная угроза.

Он подозвал жестом синьора Ратти, чтобы рассчитаться. Лицо трактирщика по-прежнему оставалось загадкой для Фредрика. Он не поскупился на чаевые, похвалил вино. Разменял несколько бумажек на монеты для телефона-автомата. Когда встал, чтобы уходить, Ратти спросил его:

— Тебе в самом деле понравилось вино?

Фредрик всплеснул руками:

— Вино волшебное, синьор. Не понимаю, почему ты усомнился в моем отзыве.

Трактирщик прокашлялся, но ничего не сказал. Фредрик простился и вышел на площадь.

Полистал телефонную книгу. Кротоне... Не без труда отыскал телефон главы церковно-административного округа: «Prefettura la Chiesa della Crotone». Повезет — все станет на свои места. Во всяком случае, получит какой-то ответ. Он говорил долго и внятно. Почувствовал, что его поняли правильно и все, что можно, будет сделано. Повесил трубку, довольный разговором.

Спустившись к маленькой пристани, Фредрик присмотрел себе тенистый уголок подле одного сарая, сел там и надолго погрузился в размышления.

Шел третий час, когда он снова поднялся к площади. И сразу понял: что-то случилось. Площадь была почти пуста, в кафе синьора Ратти — ни души, хотя обычно в это время вовсю уписывали макароны. Он и сам настроился перекусить в ожидании часа, когда придет пора навестить Женевьеву.

Ему не понадобилось долго гадать, куда все подевались: на участке с развалинами собралась целая толпа, люди стояли вокруг, что-то молча рассматривая. Многие мужчины держали шляпу в руках, прижимая ее к груди.

Фредрик бегом поднялся туда. Пробиться через толпу было невозможно, и он взобрался на стену, чтобы увидеть, что происходит.

В центре круга лежал человек. Неподвижно. На спине. Глаза были широко открыты, одна рука сжимала лопаточку. Фредрик тотчас узнал его. Сторож, синьор Лоппо.

— Что случилось? — Он схватил за руку синьора Карли, который представился ему в кафе.

— Это синьор Лоппо, — ответил тот со слезами на глазах. — Он мертв. Четверть часа назад его нашла синьора Нанфи, когда отправилась собирать целебные травы для своего мужа-ревматика. Увидела — лежит вот так, глядя в небо.

— Полиция? Врач? — Фредрик потряс Карли за плечо.

— Врач скоро будет. Il poliziotto Нурагус уже осмотрел беднягу Лоппо. Говорит, что о преступлении не может быть и речи, никаких повреждений не обнаружено.

Какая-то женщина, истерически рыдая, упала на колени возле покойника. Синьора Лоппо…

— У них четверо малых детей, — сказал Лоренцо Карли и отвернулся, вытирая слезы.

Фредрик сидел в своем номере. Здесь было прохладно и тихо. До четырех часов, когда назначена встреча, оставалось всего несколько минут. Он смотрел на свою тетрадь. Чистые листы. Он не продвинулся ни на шаг после того, как покинул место, где разыгралась трагедия.

Чистые листы. Почти чистые. На одной странице вверху было написано три имени:

Марко Албелли.
Альдо Пугги.
Синьор Лоппо.

«Пифагорейцы», — подумал он. Почему-то имена трех покойников связывались в его мыслях с тем, что он читал утром. Когда сам Пифагор ушел из жизни, его школа оказалась причастной к разного рода раздорам, и многие члены ее погибли. Одних сожгли, других, говорит предание, поразила невидимая молния. Но кое-кто бежал и продолжал развивать мистическую часть философии Учителя.

Невидимая молния, поражающая людей?

Он застал Женевьеву, как было условлено, сидящей на скамейке в саду перед клиникой. Она бросилась ему на шею с таким жаром, что они упали и покатились по траве.

Потом они поднялись в ее комнату, где окна вскоре запотели от эманации страсти. Они были ненасытны, три года ожидания и желания наконец нашли свой выход, невысказанные мысли и слова обрели форму и смысл, и хмель был сладок, и казалось, ему не будет конца.

Они пели дуэтом в ванной, потом ели фрукты и пирожные, которые Женевьева принесла на расписных блюдах.

— Пока не встретила тебя, думала, что все норвежцы холодные и инертные, — поддразнила она Фредрика, запихивая ему виноградину в нос.

Он чихнул и ответил:

— Я думал, что французские девушки чванливые и спесивые, отбиваются от вежливых поклонников острыми каблуками.

Она расспрашивала его про Норвегию. Он рассказывал и объяснял, говорил про художника Мунка и писательницу Ундсет, про лов форели в тихих горных озерах, про медведей в глухих лесах у восточной границы, про запах и вкус норвежского выдержанного сыра и рыбы особого приготовления, про народные песни и сказки, про запрет подавать в воскресенье коньяк в ресторанах. Обстоятельно расписывал замечательные, легендарные достоинства «Кастрюльки», рассказывал о неизменно метких мудрых изречениях Тоба, о многочисленных уютных минутах после закрытия, когда партнеры наслаждались добрым вином за своим личным столиком возле кухни.

Он расспрашивал Женевьеву о ее вкусах, мечтах и увлечениях, как она росла в замке винодела под Сент-Эмильоном, о сокровенных тайнах винограда и беспощадном пере знатока человеческих страстей Оноре де Бальзака, о странных гипотезах Монтескье касательно особенностей климата, о революционных порывах рабочих «Рено» и о неискоренимой англофобии французов.

Затем они побродили в сумерках в саду, между кустами гибискуса и лианами бугенвиллеи, бродили молча, щека к щеке.

В восемь часов Женевьева должна была явиться к доктору Умбро для подробной беседы обо всем, до мельчайших подробностей, пережитом ею в связи с болезнью; доктор тщательно записывал ее рассказ. Эти беседы происходили по вечерам, они не входили в лечение, оно считалось практически завершенным, но ей предстояло отчитываться еще минимум неделю. Витолло Умбро был большим педантом.

Перед тем как расстаться, Женевьева захотела показать Фредрику музыкальный кабинет.

Они вошли в главное здание, поднялись наверх по широкой лестнице и очутились в коридоре, в конце которого Фредрик увидел дверь, украшенную изображением сатира, играющего на арфе. Женевьева подошла к этой двери и открыла ее.

На полу кабинета лежали мягкие ковры. Здесь не было ни одной прямой стены, сплошь выпуклости и ниши, а потолок напоминал волнующееся море. Кругом стояли удобные мягкие кресла. Вдоль стен на стеллажах помещались диковинные музыкальные инструменты.

Женевьева показывала и объясняла. Тут была древняя лира — *хелис* — с острова Крит, изобретенная, согласно преданию, богом Гермесом. Фредрик увидел тибетские трубы, греческую *кифару*, изготовленную около 700 года до нашей эры, египетский *секем*, флейты Пана и всякие другие флейты.

На одном стеллаже лежал инструмент, не похожий ни на что, виденное Фредриком ранее. Женевьева назвала его *силот* и объяснила, что теперь силотами не пользуются, хотя считается, что они местного происхождения. В них сочетались особенности струнных и духовых инструментов, и звук был совершенно особенный.

Все эти предметы участвовали в лечении пациентов. В кабинете находился также современный музыкальный центр с размещенными кругом под разными углами динамиками.

Фредрик был восхищен. Он был бы не прочь посидеть в этом кабинете, слушая и размышляя. Все тут было так гармонично, так до мелочей продуманно.

Однако Женевьева вдруг заторопилась. До беседы с доктором оставалось несколько минут. Она проводила Фредрика до ворот, и они договорились завтра совершить долгую прогулку. Встреча — в час дня, у причала ниже селения.

Стемнело. Фредрик нашел колонну, на которой сидел накануне вечером. За спиной у него простирался раскоп. На душе было хорошо. Хорошо оттого, что никакие темные мысли, никакие скорбные новости не омрачили его свидание с Женевьевой. До нее не дошли вести о внезапной кончине синьора Лоппо. И он ничего не сказал.

На площади внизу царила тишина. Селение Офанес было в трауре. Трактир синьора Ратти — закрыт.

Ему недоставало человека, с которым он мог бы обо всем поговорить, на кого мог бы положиться. Здесь любой его вопрос мог быть неверно понят, многое во взаимоотношениях людей оставалось ему неизвестным. Скорее бы приехал профессор Донателло д'Анджело... У того найдется что порассказать.

Он продолжал сидеть, глядя в темноту. В ушах звенело пение цикад. Перед ним возвышались развалины старого здания. Чему оно служило в свое время? Он различал очертания острых фронтонов, обрушенной кровли. Завтра исследует руины поближе. Здесь многое заслуживало тщательного исследования. Но ему следует быть осторожным. Взвешивать каждый шаг. Основательно все обдумывать. В памяти всплыла одна фраза из той части «Кодекса Офанес», которую он пытался дешифровать, из древнегреческого текста: «...Эрметика Хирон изректаков Шепот Смерти в наших сельских дионисиях...»

Кто такой Эрметика Хирон? Его слова сокрыты в закодированном тексте, в котором Фредрик пока не разобрался. Может быть, он один из учеников Пифагора? Развивший метафизическую часть учения философа? Может быть, «Кодекс Офанес» изобилует сенсационными данными о философских школах Античности?

Профессор д'Анджело, наверное, знает ответ на эти вопросы.

Фредрик Дрюм моргнул. Кажется, там что-то *светится*? Его взгляд задержался на развалинах старого здания. Там что-то двигалось, он различил какие-то беспокойные блики.

Фредрик встал, сделал несколько шагов в ту сторону. И отчетливо увидел маленький огонек в одном из ворот разрушенного строения. Сделал еще несколько шагов.

Огонек пропал, но тут же снова показался, непрерывно перемещаясь. *Люди!* Что они делают там, в темноте?

Одолеваемый любопытством, Фредрик подошел еще ближе. Но тотчас опомнился: *это его не касается,* он не должен отвлекаться на посторонние вещи, которые могут...

Его мозг не додумал эту мысль до конца, ноги автоматически продолжали шагать по направлению к старому зданию. Он был неисправим. В самом деле, почему бы не проверить, что там за огонек в ночи?

Он уже разобрал, что в темноте движется горящая свеча, но не видел человека, который ее держал. Вот и ворота, он споткнулся об упавшие стенные блоки.

— Эй, кто там? — крикнул Фредрик.

Голые стены откликнулись эхом. Никаких других звуков. Он постоял мигая. Огонек исчез. Только он хотел повернуться и идти обратно, как снова увидел свет далеко впереди. Решительно перелез через камни и очутился внутри здания. Высоко над ним мерцали звезды.

Пахло мочой и калом. Окружающее тонуло в темноте, только огонек впереди колыхался, он видел его отчетливо. Снова покричал. Никакого ответа.

Кажется, там виднеется какой-то силуэт?

Фредрик крался вперед, точно кошка. Только решил, что вот-вот рассмотрит человека, держащего свечу, как огонек вновь пропал, чтобы возникнуть опять где-то под ним. Человек со свечой спускался по какой-то лестнице!

— Пифагор — это ты, Пифагор? — крикнул Фредрик, взбадривая себя.

Он подошел вплотную к лестнице. Огонек скрылся то ли в коридоре, то ли в гроте. Фредрик двинулся вниз, осторожно нащупывая ногами ступеньки. Подземелье дышало ему в лицо сырым, затхлым воздухом. Надо поторопиться, не то вовсе потеряет огонек...

Он споткнулся, едва не упал, остановился и повернулся кругом. Назад, Фредрик, назад, призывал его внутренний голос. Но он не пошел назад, продолжал преследовать огонек.

По гулкому звуку собственных шагов понял, что очутился в просторном помещении. Огонек пропал. Кругом царил кромешный мрак. Он замер, затаил дыхание. Только хотел опять крикнуть: «Эй!», как услышал… чей-то голос где-то позади. Но слов не разобрал, потому что в тот же миг раздался оглушительный грохот, от которого едва не лопнули барабанные перепонки.

И он понял, что за его спиной захлопнулась какая-то тяжелая дверь.

5

Он встречается с великим инквизитором, принимает маразматического гостя и слышит вдалеке небесное песнопение эмпедесийских сестер

Фредрик застыл на месте. Почувствовал слабое покалывание в ладонях. Все понятно: дал завлечь себя в западню, словно слепая зверюшка. Махнув рукой на осторожность, поддался импульсу, с которым бессилен был бороться, поддался любопытству. И главное — он не ощущал ни страха, ни раскаяния, только легкое уныние. Синдром Дрюма.

Он продолжал стоять неподвижно. Под ногами была твердая опора. Он совершенно не представлял себе, что его окружает во мраке, но догадывался — вряд ли что-нибудь приятное. Прислушался. Кто-то где-то скребется... Несколько раз ощутил на лице какое-то дуновение. Поразмыслив, сообразил: летучие мыши. Крысы и летучие мыши. Безобидные, неопасные животные. «Где есть животное, там есть жизнь», — оптимистически заключил он.

Присел на корточки. Стал ощупывать пол ладонями. Влажные шершавые каменные плиты. И какая-то толстая гладкая корка. Вонзив в нее ногти, сразу понял:

стеарин и воск от свечей. Несметное количество свечей горело здесь в веках.

Ага... Он достал из кармана зажигалку. Крохотное пламя не позволяло видеть далеко, но он различил стены, ниши, какие-то неопределенные предметы. Погасил зажигалку и принялся соскребать с пола воск. Оторвал лоскут от своей рубашки.

Фредрик по-прежнему оставался на месте. В тусклом свете зажигалки он успел рассмотреть темные провалы по сторонам. Основательно повозившись, свил лоскут так, что получилось некое подобие фитиля. Облепил его воском со всех сторон и поставил свое изделие на пол. Зажег фитиль. Получилось достаточно высокое и яркое пламя. Вспомнились толстенные фирменные свечи дома...

Он внимательно осмотрелся. Стены, пол, высоко вверху — потолок. Впрочем, слово «пол» не совсем подходило: Фредрик стоял на широкой верхней кромке пересекающего все помещение подобия какой-то стены. Один неверный шаг в сторону, и он сорвался бы вниз. И падал, падал, падал, пока не разбился бы насмерть.

Противоположный конец стены упирался в гладкую перегородку. Фредрик находился примерно посередине кладки. Осторожно взяв в руки свою свечу, он отступил метра на два обратно, к самой двери, сколоченной из толстых досок с ржавой оковкой. Дверь была плотно закрыта, как и следовало ожидать, не поддалась ни на миллиметр, сколько он ни нажимал.

Итак, Фредрик Дрюм бесстрашно и бесшабашно последовал в темноте за чьей-то свечой, балансировал, сам того не ведая, на верхней кромке какой-то стены и остался тут в одиночестве, взаперти. *Но ведь свеча все время двигалась впереди него.* Каким образом ее обладатель мог повернуть обратно, пройти мимо него так, что он ничего не заметил, и закрыть дверь?

— Невозможно, Фредрик Дрюм, невозможно, — громко сказал он сам себе.

Его свеча горела ярко. Оставив ее у двери, он прошел по кладке до противоположной стены. Убедился, что она и впрямь совершенно гладкая, без намека на какие-либо отверстия. Порхающие кругом летучие мыши отбрасывали гротескные тени на стены. Где-то на дне провала скреблись крысы.

Он достал из карманов несколько монет и бросил их вниз. Определил по звуку от их падения, что до дна провала не меньше пяти метров. Ему вовсе не хотелось очутиться *там*. Кладка была единственной опорой для его ног, больше ни в какую сторону не двинуться. Для чего служило это помещение? Жилым оно никак не могло быть. Стены справа и слева изобиловали нишами и отверстиями, он рассмотрел некое подобие массивных талей, у одной стены снизу торчали балки. Туда ему никак не добраться, провал не пустит.

Подняв свечу с пола, он наклонился над краем кладки. Дна не было видно.

Куда делся человек со свечой?

Он снова принялся изучать дверь. Убедился, что у нее нет слабых мест. Видимо, снаружи ее заперли крепким засовом. В старых досках были вырезаны буквы — имена, относительно свежие числа. Тут явно играли ребятишки. Но на самом верху Фредрик разобрал старинную надпись: ГАРМОНИУМ.

«Гармониум». Вот именно. Он находился в «Гармониуме». Полезная информация. Вот, значит, как выглядит «Гармониум».

Фредрик тихонько рассмеялся. Ну и влип же он.

Разрушенное здание, куда он вошел и в недрах которого находился, явно было построено в Средние века. Наверное, здесь находился центр инквизиции в Южной Италии. Святой Амвросий, Мартин Турский, Иоанн Златоуст, возможно, ступали по тем же камням, что он. Меж тем как великий инквизитор, сам Торквемада, разъездной поставщик жестоких пыток, упивался в кулисах все более изощренными способами истязания людей.

Фредрику казалось, что стены этого подземелья все еще помнят хохот Торквемады.

Фитиль разгорался все ярче, воск вот-вот должен был закончиться. Фредрик живо опустился на колени и пополз по камням, соскребая новые порции. Получился довольно большой комок, но и его не хватило бы до бесконечности. Скоро кругом воцарится кромешный мрак.

«Вино, — подумал он. — сейчас бы бутылочку доброго вина». Чтобы утихомирить рой вопросов и мыслей, жужжащий в мозгу, точно потревоженные осы. От настроения, навеянного сладостной встречей с Женевьевой, не осталось и следа. В беспокойном, почти психоделическом сиянии самодельной свечи он стал внезапно утрачивать ощущение реальности. Почувствовал себя бесплотным, эфирным существом, переживающим неведомые обыкновенным людям ситуации и состояния.

Синдром Дрюма.

Он уставился на тяжелую, прочную дверь. Ее твердой, плотной древесине была не одна сотня лет. Пахло смолой — или камфарой?

Вдруг Фредрик Дрюм громко рассмеялся, хохот его раскатился по подземелью, спугнув дремавших в углах летучих мышей.

Элементарно. Он вовсе не обязан торчать здесь бесконечно.

Фредрик снова принялся скрести камни, собирая остатки застывшего воска. Хорошенько натер им доски внизу. Пододвинул вплотную свечу.

Появился черный дым. Доски занялись, и через несколько минут пламя разгорелось вовсю, рассыпая искры. Сразу стало светлее, Фредрик отступил на несколько шагов и громко чихнул.

Теперь оставалось только ждать, и он сел на камни. Заглянул в провал и в усилившемся свете рассмотрел дно. То, что он там увидел, нисколько его не обрадовало: весь пол внизу ощетинился острыми, ржавыми железными пиками. Упади он туда, эти вертела пронзили бы его насквозь. Опасное место для детских игр...

Он посмотрел на часы. Четверть одиннадцатого. Значит, он заперт здесь не больше часа. Пламя с треском пожирало смолистую древесину, дым поднимался вверх, наводя страх на полчища летучих мышей. Запах горящей двери нельзя было назвать приятным, но Фредрик был доволен. Скоро он будет дышать свежим воздухом.

Фредрик снова прошел к противоположной стене, чтобы как следует изучить ее. Не мог же человек со свечой пройти сквозь стену? И, посмотрев вниз, он увидел вбитые в кладку железные скобы, по которым можно было спуститься на дно. Однако больше там ничего не было видно, кроме острых железных пик. Его туда совсем не манило.

Кто-то за его спиной что-то крикнул перед тем, как захлопнулась дверь. Предупреждение? Или прощальный привет Фредрику Дрюму? Одно несомненно: люди были и впереди, и позади него.

Огонь уже прожег дверь насквозь в нескольких местах. Он подошел к ней вплотную, ударил ногой, и вся конструкция обрушилась, рассыпав искры и головешки. Можно выходить на волю.

В вестибюле «Альберго Анциано Офани» было пусто. Фредрик проголодался, а трактир был закрыт, так что все надежды раздобыть съестное были связаны с гостиницей. Крикнув «эй!» несколько раз, он опустился в ожидании на кожаный диван.

В прилегающей к вестибюлю комнате кто-то тихо разговаривал. Фредрик узнал хозяйский бас. Наконец появился и обладатель баса; густая черная шевелюра и борода были взъерошены, глаза отливали безумным блеском. Сам Распутин в минуту исступления не выглядел бы страшнее, подумал Фредрик. Кажется, сейчас не самое подходящее время говорить о еде…

— Mi scusi, синьор, могу я попросить, чтобы мне принесли в номер бутылку вина, немного хлеба и сыра? Кафе синьора Ратти сегодня закрыто, как известно.

— Prosciutto, — пробурчал Гаррофоли, почесывая подбородок. — От тебя несет prosciutto, копченым окороком. Очень сильно копченым. И у тебя все лицо в копоти. А у меня копоть на душе. Скоро совсем перестану что-либо понимать. Хожу, словно perinde ac cadaver, когда мне следовало бы... — Он не договорил. — Ты просил вина и хлеба с сыром?

Он нервно барабанил пальцами по стойке.

— Si, синьор, grazie. В комнату, если можно.

Синьор Гаррофоли кивнул, неразборчиво произнес что-то и снова скрылся за дверью.

Фредрик поднялся по лестнице и проследовал прямо в ванную. Зеркало явило ему довольно жуткую картину. Лицо было расписано черной копотью; интересно, что сказали бы в трактире синьора Ратти, если бы там было открыто? А еще от него воняло. Одежда пропиталась едким дымом; если именно так пахнет итальянский окорок, он воздержится от его употребления...

Он принял душ и сменил одежду.

В номере его уже ждала заказанная еда. Вино, сыр, хлеб. Не больше и не меньше. Он глянул на стену, где висела рамка с латинским изречением. Текст был прежним, и под ним висел его ответ.

Отлично. Он принялся жевать сыр и сухой хлеб.

Perinde ac cadaver, сказал хозяин гостиницы. Покорный, словно труп. Вот как, он покорный, словно труп. Кому он покоряется? Помешанной домашней работнице? Любовнице? Андреа? Фредрик смотрел в пустоту, продолжая есть. Много загадок, ни одного ответа.

Он был бы не прочь расспросить хозяина. Об этой гостинице, о доме за пригорком, о руинах. Не много ли загадок для такого маленького селения, как Офанес? И ни малейшего намека на какие-либо вразумительные объяснения.

Он еще не доехал до места, как его столкнули со скалы.

Враждебно настроенный ленивый полицейский обвинил его в яйцекрадстве.

Он поселился в бывшем средневековом монастыре, в гостинице, хозяева которой вели себя, мягко говоря, не совсем обычно.

Посещает единственное в селении кафе, где трактирщик смотрит на него, как на инопланетянина.

На глазах у половины местных жителей некий хозяин замка обрушивает на него потоки брани.

Он знакомится с раскопом, где за короткий срок погибли три человека.

Посещает замечательную усадьбу, клинику, где звучит музыка и обитают довольные пациенты, где его возлюбленная дарит ему счастливые минуты, о каких он прежде не смел и мечтать.

Его запирают в темном подземелье, где, по всем признакам, ему в этот час полагалось корчиться на ржавых пиках, отдавая Богу душу.

Фредрик Дрюм, ты сошел с ума.

Он продолжал размышлять, медленно потягивая вино. В номере было тепло и уютно от света керосиновой лампы и «священника» под кроватью, ему казалось, что он перенесся в какое-то другое столетие.

Здесь всем известно, кто он такой. Тому могут быть две причины. Первая — профессор д'Анджело рассказывал, чем он занимается и зачем едет, и после выдающегося достижения Лаксдала и Юханессена тут к норвежцам относятся с особым вниманием. Вторая — Женевьева всем и каждому говорила, не скрывая своих чувств, что к ней едет ее возлюбленный. Наверное, она не один час просидела в кафе Ратти.

Больше всего его поразило поведение Ромео Умбро. Этот явно ненавидит норвежцев. Это может быть как-то связано с работами Лаксдала и Юханессена, но *в чем именно* причина ненависти? Фредрик Дрюм намеревался выяснить это. Несомненно, жизнь и нравы семейства Умбро за последние столетия заслуживают тщательного изучения. Что, если завтра же подняться на холм и постучаться в двери властителя?

Не вмешивайся в то, что не касается тебя. Фредрик тихо, глухо рассмеялся.

Лаксдал и Юханессен. Это их заслуга, что здешние места, здешние раскопки привлекли такое внимание. Без их эпохального метода развертывать папирусы Офанес ничем не отличался бы от тысяч других археологических объектов Италии. Но именно здесь открыли и приступили к прочтению текстов, способных изменить устоявшиеся представления об Античности. Найдено нечто новое, *совершенно* новое. И кому-то это вовсе не по душе. За злобными высказываниями Ромео Умбро о норвежцах крылась глубокая страстная ненависть.

Как он сказал? *«То, что ты, по-твоему, знаешь — ложь, а что надеешься узнать — фантазия, плод больного рассудка»*. Странное утверждение, сильные слова. Что считать ложью? То, о чем говорится в «Кодексе Офанес»? Во *фрагменте № 233 XII?* Но что же тогда известно об этом Ромео Умбро?

Вино было с фруктовым привкусом, с кислинкой, но сделало свое дело. Он отыскал свои бумаги. В который раз перечитал греческий текст.

Что такое «Священное послание Силотиана»? Сколько он ни листал различные справочники и указатели, не нашел ни имени, ни понятия, обозначаемого этим словом. Весь текст — сплошная загадка. Единственные знакомые слова — Одеон, Апатурия, Симмий, Гефест, Геката, Персефона и Хирон. А также Синедрион и Umbilicus Telluris, означающие место сбора и пуп земли.

Может быть, Офанес был пупом земли, местом сбора, где сосредоточились все важные знания и сведения? В тексте упоминался ученик греческого философа Симмия, представителя фиванской школы. Ученика звали Кротон. Город Кротоне назван в его честь? Фредрик перечитал то, что в его книгах говорилось о Симмии. Этот деятель явно был многосторонен.

Так, Симмий утверждал, что наше тело, физическое тело есть совмещение горячего и холодного, влажного и сухого и многих иных элементов. В таком контексте душа являла собой смесь *(красис)* и созвучие *(гармониа)* всего названного им. Из чего следовало, что душа непременно гибнет вместе с телом. Другими словами, перед нами учение о душе как о гармоничном сочетании физических факторов, то есть физиологическая психология в тесной связи с медицинскими наблюдениями. Патологические нарушения организма вредно отражались на психическом состоянии.

Из чего следовало, заключил Фредрик, что взгляды Симмия решительно пртиворечили главной догме первоначального пифагорического учения, настаивавшего на бессмертии человеческой души.

Он спрашивал себя: *противоположности*, из которых состоит душа, адекватны тому, что говорил Пифагор, рассуждая о совместимости и несовместимости противоположностей, о *перас* и *апейрон*, о силовом поле, способном отворить ворота познания? Еще его занимало слово *гармониа*.

Гармониа — Гармониум.

Разве не побывал он только что в помещении, которое, возможно, именовалось «Гармониум»?

Кротон был учеником Симмия. Кротоне — город недалеко от Офанеса. В этом городе обосновался Пифагор. Постепенно образовались школы, основанные на метафизических сторонах философии Пифагора. После смерти Учителя среди пифагорейцев начались раздоры. Некоторые из них погибали, точно сраженные невидимой молнией...

Тетраграмматон. Магия чисел. Каббализм. Учение герметизма. Тайная мудрость. Антиномизм. Инквизиция. Вендетта. Ключевые слова, определяющие культурную специфику этой области от древности до наших дней. Человек, который станет копать достаточно глубоко, рискует натолкнуться на своеобразные, но не совсем приятные вещи.

Фредрик устал. От вина его клонило в сон, и мысли начали мешаться. Угли под кроватью тлели, в комнате царило приятное тепло. Он забрался под одеяло.

Тихо. В гостинице было совсем тихо. Ни тебе шума и крика из бара, ни звуков музыки из ночного клуба. И всего лишь один постоялец — Фредрик Дрюм из Норвегии.

Он проснулся отдохнувший, в хорошем настроении. Где-то по соседству фальшиво кукарекал хриплый петух, кукарекал с большим опозданием — шел уже десятый час, солнце взошло давно.

Он полежал в постели, наслаждаясь оптимистическим током летучих утренних мыслей, порхающих над зелеными кронами олив, над журчащими ручьями и зелеными лугами, вдоль белой стены и у открытого окна старинной усадьбы.

Вот Женевьева протирает сонные глаза. Вот встает, потягивается, подходит к окну, любуется зеленой гладью моря.

Звук шагов в коридоре нарушил течение мыслей. Шаги остановились у двери его номера. Кто-то осторожно постучался.

Фредрик вскочил на ноги, живо оделся и открыл дверь.

Андреа... Сейчас, при дневном свете, лицо ее вовсе не казалось таким угрюмым и испуганным. Ей было что-то около сорока; худая и костлявая, но далеко не безобразная. Вот только глаза какие-то мутные, нездоровые.

— В чем дело? — спросил Фредрик.

— Синьор Дрюм, вас ждут в вестибюле, — молвила она еле слышно, повернулась и исчезла.

Ждут? Фредрик быстро умылся и сунул в рот оставшуюся от ужина сухую горбушку. Кто бы мог явиться по его душу так рано?

Ему не пришлось долго ждать ответа. В вестибюле стоял, сплетя пальцы на животе, пожилой мужчина в широкополой черной шляпе и сутане. Патер. Священник из автобуса. Фредрик сразу узнал его. И с великим облегчением подумал, что вот теперь — *теперь* все разъяснится! Его вчерашний телефонный звонок привел надлежащего человека в надлежащее место.

Патер размеренно поклонился, они обменялись рукопожатием, Фредрик представился. Проводил патера в помещение, играющее роль гостиной. Андреа больше не показывалась, синьора Гаррофоли тоже не было видно.

— Вы помните меня? — взволнованно спросил Фредрик.

— Si, синьор, помню хорошо. Это вас несколько дней назад арестовали в автобусе и увели трое полицейских. Против кого вы согрешили и зачем вызвали меня? Мой primas* сказал, что дело важное, поэтому я сел на свой мотороллер с утра пораньше.

— Дело вот в чем. — Фредрик наклонился к патеру. — Итак, вы помните, что меня вывели из автобуса. Вывели полицейские, все произошло очень быстро. Вы видели, что было дальше?

Патер отрицательно покачал головой:

— Автобус сразу поехал дальше.

— Совершенно верно, — подтвердил Фредрик. — А знаете, что потом сделали эти полицейские? Они грубо столкнули меня с откоса, и я мог упасть в море с высоты двухсот метров, если бы не приземлился на скальной полке. Я просидел там почти двое суток, пока меня не снял оттуда вертолет. А местный начальник полиции твердит, что я лгу, что я собирался красть яйца сокола, что я *яйцекрад*!

Пожилой патер кротко воззрился на Фредрика.

— Я понял, синьор, полицейские думали, что поймали яйцекрада. Но для чего вы собираете яйца?

Фредрик опешил.

---

* Первый по сану епископ *(итал.)*.

— Вы заблуждаетесь. Послушайте, я буду говорить медленно и внятно, я не слишком хорошо владею итальянским языком.

Он сделал глубокий вдох и спокойно повторил свой рассказ, не сводя глаз с патера.

После долгой паузы тот наконец заговорил:

— Это божьи твари. Птицы тоже божьи твари. Вам не следовало говорить полицейским о калабрийском соколе. Они сбросили вас. Бог спас все.

Фредрик не верил своим ушам. Этот священник что — *маразматик*?

— Послушайте, — произнес он с отчаянием, — вы *видели,* как трое полицейских вытащили меня из автобуса?

— Si, синьор, я видел, как вы наклонили голову, раскаиваясь в своем прегрешении. Вы обращались к своему исповеднику? — Патер говорил мягко, доверительно.

Фредрик готов был взорваться.

— Пошли, — сказал он, резко вставая со стула, — пойдемте вместе со мной к начальнику полиции, синьору Нурагусу. Вы не знакомы с синьором Нурагусом?

Патер перекрестился в дверях.

— Его бабушка, синьора Нурагус, каждый год даровала трех кур и одного поросенка «Школе слепых Пресвятой Богородицы» при монастыре Риззуто. Она прожила сто три года.

Фредрик больше не сказал ни слова, пока они спускались к площади. Священник покорно следовал за ним.

Фредрик постучался в дверь полицейского участка, услышал какое-то ворчание и вошел. Синьор Нурагус сидел, как обычно, за пустым письменным столом, держа в руке хлопушку.

— А, синьор Дрюм. Пришли уплатить штраф? — Начальник полиции явно был настроен иронически, однако заметно вздрогнул при виде патера и насупился.

Привстав со стула, Нурагус поклонился.

— Перо и бумагу! — скомандовал Фредрик; тупость этого деятеля отнюдь не располагала к вежливости. — Я привел свидетеля. Патера, который ехал в том же автобусе. Он *видел*, как меня увели трое полицейских. Может быть, теперь покончим с этой чушью насчет кражи яиц?

Лоб начальника полиции покрылся испариной. Глаза забегали, наконец, взгляд остановился на священнике.

— Автобус? — Он сощурился. — Ваше святейшество были в том же автобусе, что и синьор Дрюм из Норвегии?

— Si, синьор poliziotto Нурагус. Но он сожалеет о своих прегрешениях и вознесся вверх после падения.

— Как-как? — Капля пота скатилась на кончик носа Нурагуса.

— Минутку! — Фредрик поднял руку. — Давайте не усложнять, ладно? Перо и бумага, вы записываете, а патер своей подписью подтверждает, что тридцать первого июля, накануне *камольи* меня на пути из Катандзаро в Офанес силой вывели из автобуса в нескольких километрах от Офанеса трое неизвестных полицейских. И все. Понятно?

Последние слова он произнес угрожающим тоном.

Нурагус вытер лоб. Зрачки его величиной и цветом сравнялись с ягодами черной смородины.

— Все так и было, патер? — спросил он срывающимся голосом.

Взгляд патера был направлен куда-то в пустоту. Его глаза помутнели, точно льдинки, подернутые инеем, и искали нечто явно бестелесное. Наконец он заговорил:

— Пророк Иеремия сказал: безумствует всякий человек в своем знании, срамит себя всякий плавильщик истуканом *своим*, ибо выплавленное им есть ложь, и нет в нем духа. Я посетил этого молодого человека в блудном доме. Я видел Богородицу с кровью Иисуса. Этому молодому человеку не дано вознести свои крылья так высоко, как калабрийскому соколу. Я не вижу, чтобы этот молодой чужестранец раскаивался в своем прегрешении, а потому не могу даровать ему прощение во имя моего Святого Отца. Не могу подтвердить чернилами то, к чему понуждает меня чья-то строптивость.

Слушая эту белиберду, Фредрик понял, что ничего не добьется. Это сражение проиграно. Безумию нет предела. Покачав головой, он показал пальцем на начальника полиции и сказал:

— Если вы *хоть капельку* соображаете, забудьте впредь все эти разговоры о яйцекрадстве. Не лучше ли вам сосредоточиться на трех смертях, вызванных отнюдь не солнечным ударом? Прощайте.

И он вышел, предоставив патеру и полицейскому общаться в своем стиле.

Стрелка часов перевалила через десять, и он обнаружил с радостью, что синьор Ратти открыл свое заведение. Возбужденный неудачным началом дня, он решил успокоить нервы сытным завтраком. Заказ приняла, застенчиво улыбаясь, молодая девушка, он понял, что она — дочь трактирщика.

В разгар трапезы он услышал шум мотороллера. Через площадь на первой скорости, усиленно газуя, важно ехал патер. Развевающаяся на ветру черная сутана исчезла по направлению к Кротоне.

Фредрик невольно улыбнулся про себя, вспоминая слова Тоба: «Если достаточно долго штудировать библейские притчи, душа постепенно затеряется в лабиринте безумия». Этот патер прочно застрял в названном лабиринте.

Насытившись, Фредрик расплатился и направился к раскопу. Вообще-то, ему хотелось бы навестить хозяина замка, синьора Ромео Умбро, но, поскольку на час дня была назначена встреча с Женевьевой, этот визит следовало отложить.

На раскопе никто не работал. Лопатка сторожа лежала там, где вчера было простерто на земле тело синьора Лоппо. Бедняга синьор Лоппо. Что все-таки погубило его?

Фредрик заметил человека, который сидел, склонив голову, в тени у одной из стен.

Он медленно направился туда, при виде него человек поднялся. Незнакомое лицо... Фредрик поздоровался. Сказал, глядя на безоблачное небо:

— Жаркий денек будет сегодня.

— Si, синьор, очень жаркий. В такой день запросто можно получить солнечный удар, — с горечью отозвался незнакомец. — Ты — турист, straniero?

Фредрик покачал головой, коротко объяснил, кто он, зачем приехал. Выходит, сказал он себе, не *всем* известно, кто он такой. Судя по всему, перед ним стоял простой крестьянин, об этом говорил старый пиджак и латаные-перелатаные брюки. Глубокие складки на загорелом лице выдавали пережившего много горестей труженика, однако по морщинкам возле глаз было видно, что их нередко касалась улыбка. Симпатичный мужчина, заключил Фредрик. Кивком подтвердил, что он straniero.

— Я знаком с профессором д'Анджело, — сообщил крестьянин, глядя на опаленную солнцем коричневую землю. — Достойный человек, большой энтузиаст своего дела. Справедливый. Мой сын хорошо зарабатывал, пока трудился тут на профессора.

— Твой сын? — насторожился Фредрик.

— Ну да, бедняга Альдо. Альдо и Марко, его товарищ, работали на профессора. Теперь оба мертвы. Вот там умерли одновременно. Без всякой причины. Просто упали замертво. В точности, как синьор Лоппо. Лучше бы эти руины вообще никогда не раскапывали. Я вовсе не суеверен, но эти раскопки приносят несчастье.

Фредрик сообразил, что перед ним стоит синьор Пугги, отец Альдо Пугги. Как бы не ранить его чувства...

— Синьор Пугги, — сказал он, — мне рассказывали про эти трагические события. Как насчет того, чтобы пойти и выпить со мной стаканчик водки? Со мной тоже приключились странные вещи после того, как я приехал сюда в Офанес. И не с кем толком поговорить об этом, люди ведут себя как-то странно.

— Странно... — Пугги вдруг улыбнулся. — Вот именно — странно. Я не против выпить стаканчик-другой.

Они спустились к трактиру. Нашли свободный столик в углу. Хозяин кафе, синьор Ратти, вновь стоял на своем посту и сдержанно поздоровался с Фредриком, избегая смотреть ему в глаза. Пугги что-то произнес шутливо, и трактирщик засмеялся. Фредрик отметил про себя, что у них добрые взаимоотношения.

От крепкой водки на Фредрика напал чих. Ему привычнее было пить вино.

— Синьор Пугги, — начал он, — не мог бы ты рассказать мне точно, что произошло с твоим сыном. Меня интересуют все подробности.

Пугги прокашлялся, лицо его посерьезнело:

— Подробности... до сих пор здесь никого не интересовали подробности. Во всяком случае, не ту свинью. — Он указал презрительным жестом на цитадель начальника полиции Нурагуса. — Может, мне начать с самого начала?

— Начинай с начала, — кивнул Фредрик.

— Альдо нанялся копать около года назад, когда пришло время поднимать тяжелые плиты за конструкцией, которую профессор называл атриум. Альдо был смышленым парнишкой, любил до всего дознаваться и очень интересовался древностью. Постепенно он и Марко даже подружились с профессором, и он привлекал их к делам, которые не доверял рабочим из других селений. Мальчики многое узнали от профессора, Альдо даже научился читать латинские надписи. Однажды пришел домой и с гордостью показал подарок, полученный от д'Анджело, мраморную плиту с высеченными на ней словами. В нескольких метрах ниже самих развалин храма помещалось, видимо, кладбище, и там было множество таких могильных плит. Текст, который прочел Альдо, звучал довольно занятно: «Тимокреон был не дурак поесть и не дурак выпить, и мастер злословить; здесь похоронен Тимокреон». Такие слова и сегодня можно про многих сказать, верно? — Синьор Пугги глотнул водки и продолжал: — Когда в июне раскопки прервались, Альдо и Марко было поручено вместе с синьором Лоппо присматривать за раскопом в отсутствие археологов. Как известно, в самые жаркие месяцы они не копают. Мальчики очень серьезно отнеслись к своему заданию, каждый день сидели на одной из стен, наблюдая за участком. И вот однажды вечером в конце июня Альдо приходит домой в каком-то необычном настроении. Я стал его расспрашивать, а он отца уважал и выдал мне свой секрет: он и Марко потихоньку сами начали копать и нашли что-то такое, что, по их мнению, должно было обрадовать профессора. Он говорил еще кое-что, в чем я толком не разобрался, во всяком случае, Альдо не сомневался, что профессор, когда вернется, будет хвалить их, даже назовет героями. Свою находку они спрятали. Я велел им немедленно рассказать обо всем сторожу, синьору Лоппо; думаю, они так и сделали. Через неделю оба мальчика были мертвы.

Пугги отвернулся и смахнул рукой слезинку.

Фредрик подождал молча, наконец спросил:

— Они не сказали, что именно нашли, не помнишь?

— Помню, он называл какое-то слово вроде «силлатан» и имя «Геката». Но что за предмет нашли, понятия не имею. Скорее всего, не очень большой.

Фредрик вздрогнул. *Геката*, богиня волшебства. А первое слово?

— Силлатан — может быть, *силотиан*? — Он заказал жестом еще два стаканчика водки.

— Certo*, — сказал Пугги. — Оно самое. Что оно означает?

— Хотел бы я знать, — вздохнул Фредрик. — Профессор д'Анджело поручил мне расшифровать один текст. В котором встречается это самое слово. Но я понятия не имею, что оно означает. К сожалению. Ты не помнишь других подробностей, может быть, твой сын говорил еще что-то?

Синьор Пугги наморщил лоб, размышляя.

— Нет, — ответил он наконец. — Больше ничего не припомню. Но я уверен, что мальчики все рассказали сторожу. *И теперь все трое мертвы.* Только не говорите про солнечные удары, сколько я здесь живу, никто еще не умирал от солнечного удара. Это чушь! — Наклонясь через стол к Фредрику, он тихо, чуть ли не шепотом, произнес: — Я не верю в колдовство. Мальчики и синьор Лоппо убиты. Каким-то страшным изощренным способом. Кому-то не нравится, что здесь ведутся раскопки.

— Кому? — так же тихо спросил Фредрик.

— Мало ли... Хотя бы этому лодырю, начальнику полиции. Он не выносит суматохи, когда собирается много людей, приезжают туристы и все такое прочее. Для него это только лишние хлопоты. Ну и конечно, *Иль Фалько*, соколу там, наверху. Ромео Умбро почитает себя властелином мира, копнуть лопатой его землю — все равно что вонзить нож в его тушу. Да и племянник его, доктор Витолло, который прославил Офанес задолго до того, как начались раскопки, он тоже не жалует никаких помех вокруг его клиники. Назову еще

---

* Конечно *(итал.)*.

эмпедесийских сестер, монахинь из монастыря за холмом. Они почему-то считают раскопки великим грехом и выразили профессору и другим археологам свой протест, отслужив траурную мессу на раскопе в разгар работ.

— Траурную мессу?

Любопытно! Рассказ этого добродушного крестьянина многое мог прояснить.

— Ну да. По какому случаю траур, никто не мог взять в толк, один только профессор. Альдо и Марко вроде бы тоже поняли в конце концов. Эмпедесийские сестры называли этот участок каким-то латинским словом, не помню точно, каким.

— Umbilicus Telluris? — осторожно спросил Фредрик и затаил дыхание.

— Да-да, именно. А ты, я вижу, в этом разбираешься. И что же это означает? — Синьор Пугги заглянул в опустевший стаканчик.

— Пуп мира, — ответил Фредрик. — Похоже, некогда Офанес считался пупом мира.

Он заказал крестьянину еще стаканчик и продолжал:

— Но расскажи все же мне, кто они, эти эмпедесийские сестры?

— Эмпедесийские сестры? — Пугги откинулся поудобнее на стуле. — Точно сказать не берусь. Во всяком случае, они монахини какого-то ордена, который существует здесь с незапамятных времен. Ты ведь видел это жуткое разрушенное здание там под горой? А твоя гостиница? Некогда все это входило в монастырский комплекс с монахами, тоже принадлежавший этому ордену. Теперь монахов не осталось, но мой прадед еще помнил последних. У нас тут по сей день рассказывают о странных деяниях этих монахов. Еще говорят, что в разрушенном здании водятся привидения. Ерунда, разумеется, я каждый вечер хожу туда, проверяю, чтобы дверь в подвал была надежно закрыта, детям опасно играть там, и я предпочел бы сохранить четверых, которые у меня остались. Несколько лет назад одна девочка сорвалась со стены там в подземелье и погибла. Все эти толки о привидениях — вздор, но люди здесь очень суеверные.

Фредрик задумался. Кажется, один кусочек мозаики ложится на свое место…

— Эти эмпедесийские сестры, монахини, — спросил он. — Есть что-то особенное, что отличает их орден от других?

— Особенное? — Синьор Пугги помешкал с ответом. — Я не очень разбираюсь в этих делах, чем они занимаются. Одно известно: эмпедесийские сестры мастера петь. Никто не может сравниться с ними, когда служат рождественскую и пасхальную мессы. Такая красота, что невозможно удержаться от слез. Если что и заслуживает названия небесных песнопений, так это canzones эмпедесийских сестер.

Фредрик посмотрел на часы. Скоро час. До встречи с Женевьевой ему предстояло сделать кое-какие дела. Но он готов был просидеть тут целый день, беседуя с синьором Пугги.

— А второй мальчик — Марко, — сказал он. — Как насчет его родных, может быть, кто-нибудь знает, что нашли мальчики?

Пугги решительно мотнул головой:

— Никому не известно, кто отец Марко. Мать его, скажем так, semplice, дурочка. Бедняжка Марко жил почти столько же у нас, сколько дома у матери. У нее есть еще восемь детей от неизвестных отцов. — Пугги вдруг нагнулся поправить шнурки на своих ботинках.

— Спасибо за приятную беседу, синьор Пугги, — сказал Фредрик, вставая. — К сожалению, я должен идти, у меня назначена встреча. Последний вопрос. Альдо и Марко подверглись тщательному врачебному осмотру, чтобы установить причину смерти?

— Si, синьор. Их отвезли в Катандзаро и там, как мне говорили, разрезали. Как это называется — аути, аута...

— Аутопсия, — подсказал Фредрик. — Вскрытие. И не нашли ничего подозрительного?

— Nulla*, они просто умерли, и все тут.

До часа дня оставалось несколько минут. Фредрик спускался, насвистывая, по дороге к пристани. Воздух был насыщен ароматами окаймляющих дорогу олив и виноградников. Над кустарником порхали большие оранжевые бабочки. В руке он держал только что купленную лубяную корзинку. В корзинке лежали бутылка вина из района Кьянти, две благоухающих головки сыра, баранья колбаса — до того свежая, по словам лавочника, что разве что не блеяла. А еще — теплый хлеб и фрукты.

Вокруг пристани царила идиллическая атмосфера. К югу простиралась уютная бухта с кристально чистой водой, на севере возвышались скалы. Несколько лодок

---

* Ничего *(итал.)*.

качалось на волнах, пахло морем и водорослями. Как и положено.

И ни одного человека. Фредрик уже знал, что для рыбаков Средиземноморья наступили не лучшие времена.

На прилегающей к пристани лужайке паслись две козы; еще несколько коз лежали в тени под оливами, пережевывая жвачку. Было очень жарко.

Фредрик поставил корзину под одним деревом, снял рубашку, подвернул штанины. И пошел побродить на мелководье. Вокруг ног его сновали мелкие рыбешки. Он подобрал раковину морского ежа.

Тут он увидел ее.

Женевьева стояла на пристани босиком, в легком белом хлопчатобумажном платье. Он помахал ей, она помахала в ответ. Подойдя к пристани, он хотел обрызгать ее водой, но она отступила, улыбаясь.

Они сели в тени под оливами, прижимаясь друг к другу.

Некому было их видеть. Они купались нагишом. Потом зашли в глубь оливковой рощи, взяв с собой корзину с припасами. Пили вино. Чокались и смеялись. Часа через два, когда страсти поостыли и улетучился легкий хмель, он обратил внимание на серьезное выражение ее лица. Спросил:

— Ты о чем-то думаешь, любимая.

— Мне рассказали. — Она посмотрела на него. — Это ужасно. Синьор Лоппо умер. Он часто заходил в клинику. По вечерам они с доктором Витолло сидели вместе за бокалом кампари. Мы все горюем. Доктор Витолло советует мне уезжать. Завтра. Говорит, что я здорова и что он зафиксировал все нужные данные о моем заболевании. Настаивает, чтобы я уезжала как можно скорее. Здесь происходят такие ужасы, все связано с Офанесом, только клиники не коснулось...

— Я слушаю, — прошептал Фредрик, ожидая, что еще она скажет.

Однако Женевьева не стала продолжать, а выхватила из своей сумки газету, бросила ее Фредрику и отвернулась.

Он развернул газету, свежий номер «Ла Стампа». На первой странице увидел под большим заголовком фотографии разбитого автомобиля. Заголовок гласил: «Знаменитый профессор убит бомбой, заложенной в машину».

Ниже снимка Фредрик прочел имя Донато д'Анджело.

6

Фредрик Дрюм видит,
как по песку сердито топает французская ножка,
слышит рассказ о сосуде с кровью
и ощущает сладковатый запах,
источаемый «священником»

Долго он сидел, будто парализованный. Наконец встал, опустился на берег, поднял камень и метнул его вдаль. Его взгляд стал жестким; он весь похолодел, словно кровь в сосудах заменил эфир. Воздух кругом, легкая мгла над морем, небо над ним призывали к действию, и зов этот заглушал все прочее, требуя ответа.

— Фредрик? — Женевьева подошла сзади и осторожно обняла его одной рукой.

Он повернулся. Тепло ее взгляда было бессильно одолеть владевший им холод.

— Уедем, — сказала она. — Подыщем уютную гостиницу на севере страны, в итальянской Ривьере, поживем там вместе неделю? Оттуда проводишь меня в Сент-Эмильон, а затем я через несколько недель приеду к тебе в Норвегию...

Он положил ей ладони на плечи. Подумал, наконец сказал:

— Хорошо, Женевьева. Но сперва дай мне два дня, мне нужно два дня для дешифровки одного кода. Это важно. Отцы и матери потеряли сыновей. Дети остались без отца. Мрачная тень висит над Офанесом. Есть тайна, которую я, возможно, сумею раскрыть, я получил задание, профессор д'Анджело положился на меня. Теперь он тоже мертв, и я не могу изменить, не могу, *понятно тебе, Женевьева*?

Она сверкнула глазами, рывком отступила назад.

— Фредрик Дрим, — сказала она; «ю» то и дело превращалось у нее в «и». — Я думала, ты приехал сюда навестить *меня*, но теперь вижу, другие вещи для тебя важнее.

Она сердито топнула по сырому песку.

— Женевьева, дорогая, я... — Он остановился: как ей объяснишь?

— Что — «я»?! — Она явно была на грани взрыва.

— Я ехал к *тебе*. Приехал бы все равно. И ты это знаешь. Как только получил твое письмо, сразу уложил чемодан, остальное не было так важно. Теперь стало важно. Два дня, Женевьева, ты поезжай завтра в Кротоне, я догоню. Не хочу, чтобы ты оставалась здесь, тут что-то происходит такое, что мне, возможно, удастся остановить прежде, чем еще кто-то лишится жизни.

Она долго смотрела на него, побледнев. Ее глаза наполнились слезами.

— Я так боюсь, — прошептала Женевьева. — Боюсь, что ты тоже умрешь. Я люблю тебя, Фредрик, но я помню, что случилось в Сент-Эмильоне три года назад. Там тебе *во что бы то ни стало* нужно было найти ответ. Теперь — то же самое. Тебя могли убить тогда, возможно, теперь опасность еще больше. Я не хочу снова терять тебя, Фредрик.

— Ты никогда меня не потеряешь. — Он старался говорить убедительно. — Вот увидишь. Два дня. И все будет кончено.

Она помолчала, глядя вдаль над морем. Наконец взяла его руку, мягко пожала и произнесла:

— Два дня. Сегодня четверг. Завтра утром я уеду в Кротоне, там есть хорошая гостиница. Ты приезжаешь в субботу и, если не появишься до восьми вечера целый и невредимый, можешь вообще больше не показываться. Понял — *никогда*.

Фредрик кивнул. Он понял, что она говорит совершенно серьезно. Женевьева Бриссо обрела свое былое «я», и его это даже радовало. Конец безволию и слабости, она может сверкать глазами и вскидывать голову, демонстрируя свою южнофранцузскую гордость.

Вечером, после захода солнца, они сидели вместе в кафе синьора Ратти. Фредрик рассказал ей про «Кодекс Офанес», и она слушала очень внимательно. Он осторожно спросил, не довелось ли ей за то время, что она тут находилась, слышать или видеть что-нибудь, что могло быть связано с загадкой, которую он вознамерился решить.

Женевьева покачала головой:

— Я ничего не слышала и не видела, только ощущала — что-то не ладно; с тех пор, как нашли мертвыми тех двоих мальчиков, в Офанесе царит нехорошее настроение. Но тебе стоит поговорить с доктором Витолло, может быть, он чем-то поможет. Правда, расскажи ему все, чтобы мне было спокойнее? Во всяком случае, ты будешь уже не один. Он стремится только к тому, чтобы ничто не мешало его процедурам, и я уверена… — Она остановилась.

Фредрик не стал нарушать ход ее мыслей.

— Уверена, — продолжала она тихо, — что он обладает нужной силой, чтобы защитить тебя от неприятностей.

— Силой? — Что она подразумевает? — В каком смысле?

— Ну, я хотела только сказать… он пользуется таким влиянием, что никто не посмеет причинить вред ему или тем, кто с ним близок.

— Синьор Лоппо не был с ним близок? — Фредрик повысил голос.

— Ну, почему же… Но все это так непонятно, может быть, просто с сердцем что-то случилось? — Женевьева неуверенно опустила взгляд.

— Возможно, — ответил Фредрик. — Возможно. Но маловероятно. К тому же я слышал, что доктору Витолло Умбро тоже была не по душе вся эта затея с раскопками. Ты не знаешь, он общался с профессором д'Анджело?

— Понятия не имею. Не забывай, первое время здесь я была совсем больная. Видела только солнце, небо и мрак. Ты проводишь меня? — Она поднялась со стула.

— Я не нравлюсь ему, — пробурчал себе под нос Фредрик, следуя за ней.

— Кому ты не нравишься? — Она взяла его за руку.

— Трактирщику, синьору Ратти. Он так странно глядит на меня. Словно я какая-то неведомая тварь.

— Это не так? — с улыбкой поддразнила она его.

— Конечно так.

Женевьева позвала его с собой в дом. Дескать, может быть, они выпьют чая с доктором Витолло, если он сейчас свободен.

Доктор не был занят. Сидя возле большого камина в зале, он читал книгу. На столике рядом стояли графин и несколько бокалов. Завидев Женевьеву и Фредрика, он широко улыбнулся и жестом подозвал их к себе.

— Голубки воркуют и увиваются, и жар любви заставляет забыть неладное прошлое, верно? Выпьете бокал кампари вместе со старым холостяком, который отправил свои сокровеннейшие мечты в огонь камина, где они тотчас обращаются в пепел? — Он встал и плутовато подмигнул им.

Женевьева кивнула, улыбаясь, Фредрик покраснел и с трудом удержался от чиха. Доктор пододвинул к камину еще два кресла.

— Я выписал своего самого прелестного пациента, — сказал он, наливая вино в бокалы. — Завтра Женевьева может уезжать. Отвезите ее на какой-нибудь уютный курорт, синьор Дрюм. Здесь, в Офанесе, небо то и дело омрачают траурные тучи.

— Тучи над Umbilicus Telluris, — сказал Фредрик, прокашлявшись. — Вам известно это выражение, доктор Умбро?

— Пуп земли, — рассмеялся доктор. — Как же, как же. Не только выражение известно, но связанная с ним история. А вы ее знаете?

Фредрик покачал головой.

— Эмпедесийский орден... — начал Умбро. — Монахи, которые обитали здесь со времен Средневековья и которые вновь появились с легкой руки сумасшедшей сестры Клары, обосновались в старой школе за холмом.

Хуже всего, что за ней идут простодушные женщины и девушки, оставляющие свой дом и детей. Согласно ее откровению, Пресвятая Богородица Дева Мария доставила сюда, в Офанес, чашу с кровью своего распятого сына. И будто бы она оросила этой кровью землю как раз там, где теперь ведут раскопки археологи. Будто бы кровь Иисуса призвана была питать растения и тварей, воплощающие чудо Господне, которым надлежало, когда настанет время, воспеть приход на землю царства Божия. И когда песню эту услышат во всех странах, люди падут на колени, познав чудо Господне. Вот почему это место назвали «Umbilicus Telluris» — пуп земли. История нехорошая, кощунственная. Должно быть, автор ее обладал богатым воображением — как могла Пресвятая Богородица добраться с чашей крови в Италию из Палестины?

Умбро подбросил полено в камин.

— Сдается мне, — не сразу отозвался Фредрик, — что пророчество отчасти уже исполняется. Ведь вы в своей клинике именно здесь, в Офанесе, творите подлинные чудеса при помощи музыки?

— Извините, синьор Дрюм, — сказал доктор, прищурившись, — я против того, чтобы мне приписывали таинственные способности. Мои методы строго научны, они ни в коей мере не связаны с какими-либо формами Хироновой метафизики.

— Фредрик не хотел сказать ничего дурного. — Женевьева робко улыбнулась.

— Конечно, конечно, — кивнул доктор Умбро. — Любой вправе спросить себя, что же такое здесь происходит. Вы, наверное, уже читали про трагическую гибель профессора Донато д'Анджело. Вряд ли это как-то связано с Офанесом. Давно известно, что нападки профессора на крупных землевладельцев и старинные семейства, которых он обвинял в сокрытии важных исторических материалов, восстановили против него фашиствующие элементы. Несколько раз он обращался в суд с сомнительными исками относительно права собственности на предметы, представляющие историческую ценность.

— Суды удовлетворяли его претензии? — спросил Фредрик.

— Чаще всего — да, — ответил доктор. — Но при этом он нажил себе могущественных врагов. Так что меня ничуть не удивило это покушение.

— Вам тоже не нравился профессор д'Анджело? — осторожно справился Фредрик.

— Мне? — Витолло Умбро громко рассмеялся. — Я не имел ничего против профессора д'Анджело. Скорее наоборот. Единственное, что меня тревожит здесь в Офанесе, — нашествие машин и людей в связи с раскопками. Вы же понимаете, что нам необходима полнейшая тишина.

— Понимаю, — согласился Фредрик.

Появление двух людей, которые направлялись через зал в один из кабинетов, нарушило беседу. Ассистент Умбро, доктор Пинелли, сопровождал английскую графиню, которая помахала им рукой, разразилась громким пронзительным смехом и хрипло прокричала:

— Shit-eating mouth. This is my damned, shit-eating mouth!

Она показала на свой рот указательным пальцем, на котором сверкали золотые с бриллиантами кольца. Безупречное оксфордское произношение…

Доктор Витолло улыбнулся и шепотом сообщил Женевьеве и Фредрику:

— Как вы слышите, Пинелли добился замечательных результатов с этой английской леди. Видимо, с самого детства она страдала блокированием речи в связи с лексическими табу, которое постепенно распространилось на всю ее лексику.

Женевьева нетерпеливым жестом намекнула Фредрику, чтобы он рассказал доктору Умбро о себе и своих занятиях. Он не был уверен, что именно следует рассказать и стоит ли вообще рассказывать. Зато у него накопилось немало вопросов. И он произнес фразу, которую можно было истолковать как вопрос:

— У вас с вашим дядей тут красивое поместье. Виноград и оливы — эликсиры вечности.

Доктор кивнул, но не стал отвечать. Вместо этого он обратился к Женевьеве:

— Прекрасная мадемуазель уже уложила свои вещи? Вы уже решили, куда именно поедете завтра? Если позволите, я порекомендовал бы чудесную деревушку, где почти не бывает туристов, несколько десятков километров к востоку от Генуи, на лигурийском побережье. В одной тамошней гостинице подаются лучшие итальянские блюда. Если хотите, могу написать рекомендательное письмо хозяину гостиницы, мы друзья детства, я вырос в тех краях.

Женевьева застенчиво улыбнулась, Фредрик сказал спасибо. Доктор набросал несколько строк на листке бумаги и протянул его Фредрику.

— Не сейчас, — сказал тот. — Женевьева сперва поедет в Кротоне, а я задержусь.

Он пристально посмотрел на Умбро.

— Вот как, — отозвался тот, подняв брови. — И что же задерживает вас в Офанесе?

— Три вещи, — ответил Фредрик. — Нерасшифрованный текст, четыре трупа и замечательный винный погреб синьора Ратти.

С этими словами он резко поднялся, протянул руку для прощания, учтиво поблагодарил за вино и беседу и решительно повел за собой Женевьеву к выходу.

Когда они вышли в темный сад, Женевьева дала волю гневу, забарабанила по груди Фредрика своими кулачками.

— Mais pourquoi?!* Ты был невежлив, Фредрик, даже груб. И глуп! За кого ты себя принимаешь? Инспектор Мегрэ? Эркюль Пуаро? Мсье Рэмбо из Норвегии? Почему не мог рассказать, как положено, почему не попытался завоевать доверие доктора? Ты *ничего* не рассказал, ничего, и доктор был недоволен, я видела.

Фредрик слушал молча, а Женевьева все сильнее расходилась:

— Собственно, что ты за человек, во что я верила? Фредрик *Дрим*, великий эксперт, приезжает из Норвегии в Италию расшифровывать какие-то дурацкие коды, и ему повсюду чудятся убийцы. Спустись на землю, Фредрик!

В эту минуту он не то что стоять — готов был *провалиться* сквозь землю.

---

* В чем дело?! *(итал.)*

— Я ни одной слезинки не пролью, если здешние жители бросят тебя в море с привязанным к ногам свинцовым грузилом за то, что ты всюду суешь свой нос! Поделом тебе. — Она вдруг расплакалась.

Им овладело ощущение, будто он ни на что не способен, глуп, как пробка, не в состоянии оценить ситуацию, в которой очутился; в голове метались несуразные, невозможные, странные мысли, и он онемел. Тут никакой трифемо-шампольонский винт не поможет.... Любимая девушка обрушила на него потоки обвинений, и он стоял, пропуская их через себя, как сквозь сито, и ощущая... жажду. Сухо во рту, сухо под веками, сухо в мозгу.

— Грузило, — вымолвил он наконец.

Одно из многих слов, которые она выпалила. Единственное, что сейчас пришло ему на ум.

— Что? — прошептала Женевьева, обратив к нему красивое бледное лицо.

Она вытерла слезы.

— Я свинцовое грузило, — прохрипел он.

Она взяла его под руку. Он ощутил, что ее восприятие ситуации глубиной превосходит все, что ему когда-либо будет дано. Где-то в недрах сознания возник на мгновение некий древний образ: мужчина — парящий в небе безвольный мечтатель; женщина — сильная, земная, осязаемая. Все равно что бургундское перед бордо. Хотя должно бы быть наоборот. Но и в названиях вин царит мужская лексика.

Он покорился ей. Они шли молча. Она крепко держала его за руку. Они поднялись на второй этаж ее флигеля. В комнате Женевьевы пахло лавандой.

Мысли его были ясными и острыми как лезвие бритвы, когда он снова сел на разбитую колонну и уставился туда, где затаилось в темноте разрушенное здание. Шел первый час ночи, внизу простиралась пустынная тихая площадь, озаренная сернисто-желтым сиянием фонарей, окружающих маленькую церквушку.

Последние часы вместе с Женевьевой прошли без недоразумений. Они нашли наконец нужные слова. Завтра утром он проводит ее в автобусе до Кротоне. Потом вернется в Офанес. Не в качестве Мегрэ или Эркюля Пуаро, а как Фредрик Дрюм. Фредрик Дрюм, знающий свое дело, свою профессию и, соответственно, выполняющий полученное задание. Элементарно. Если в прошлом кроется нечто неприятное, раскрыть это для истории так же важно, как и все прочее.

Если те крохи прошлых знаний и опыта, с которыми довелось соприкоснуться ему, Фредрику Дрюму, содержат *столько* взрывной силы, столько отрицательного и положительного, то сколько же непонятного и непостижимого для нашего современного разума должно оставаться еще *не открытыми* в древних обществах и культурах? Не говоря уже о всех тех обществах и культурах, которые не открыты нами. Кто научил вдруг египтян пять-шесть тысяч лет назад воздвигать такие величественные пирамиды? Каково происхождение минойской культуры на Крите? Доинкских культур Южной Америки с их замечательной архитектурой? Откуда пришло знание? И сколько утрачено за тысячи лет?

Алхимия, философия, богословие — три великие науки, развитые в ходе нашей истории... Какие другие науки сокрыты, забыты?

Размышления привели в порядок чувства Фредрика. Все легло на свои места. Последние часы вместе с Женевьевой пошли на пользу его душе. Он чувствовал, что постиг простую, обыденную истину: наши видения во времени, как в прошлом, так и в будущем, мечты и образы, в поисках которых мы углубляемся в прошлое, в историю, и в то, что грядет, — все неотрывно и непоколебимо привязано к тому, что есть *сейчас,* сию минуту. Собственно, за пределами этого *сейчас* ничего нет. И тем не менее оно может питаться и пополняться из двух безбрежных океанов, измерить дно которых дано только сиюминутной фантазии. Имя этих океанов — Прошлое и Будущее.

«Кодекс Офанес».

Женевьева.

Прошлое и Будущее. И все же совершенный синтез возможен. Причем сумма окажется больше, чем если произвести простое сложение.

Приятные мысли нарушил звук шагов, осторожных шагов в темноте. Он попытался определить направление и вдруг увидел отделившуюся от разрушенного здания тень. Здания, в котором его заперли накануне вечером. *Что происходит?*

Он медленно прилег на землю за колонной. Не надо, чтобы его заметили... Шаги — быстрые, решительные — приближались. Он рассмотрел маленькую тщедушную фигурку: женщина.

Она прошла мимо Фредрика всего в нескольких метрах. Незнакомая... Дорога, по которой она следовала, могла вести из деревни только к двум местам: к клинике доктора Витолло и дальше, к замку Ромео Умбро.

Фредрик тихонько поднялся и направился следом за ней. Хотел проверить, куда она идет. Ему пришлось прибавить шагу, чтобы не потерять ее из виду. У портала перед клиникой он увидел, что женщина свернула на извилистую дорогу, ведущую наверх к замку. Дальше идти за ней не было смысла, и он повернул назад.

«Надо же, сколько людей по ночам наведываются в эти мрачные руины», — сказал он себе. Сам он отнюдь не был склонен снова углубиться под темные своды. Могут найтись еще двери, которые захлопнутся за его спиной. А вот днем это здание следует осмотреть поближе. Эмпедесийский монастырь... Интересно, кем был этот Эмпедесий. Вроде бы он прежде никогда не слышал о таком ордене.

Фредрик почувствовал усталость и кратчайшим путем направился в окутанную непроглядным мраком гостиницу. Хозяин выключал ночью даже лампочку над входной дверью. Фредрик отыскал ощупью замок и вошел. Вдоль стены пробрался к стойке и нашел ключ от своего номера. Спотыкаясь о старинную мебель, добрел до лестницы, ведущей на второй этаж. Карманный фонарик... Не забыть взять с собой фонарик в следующий раз, когда задержится где-нибудь допоздна.

Отворив дверь своего номера, он с радостью отметил яркий отсвет «священника»; кто-то только что подбросил туда угля. Он мысленно поблагодарил за заботу Андреа. Или кого-то другого, кто следил за отоплением. В теплой комнате царил почти домашний уют. Интересно, что за уголь они кладут на жаровню. Ни копоти, ни запаха... Он принюхался. Постой... Кажется, есть все же какой-то тяжелый, сладковатый запах, которого он прежде не замечал. Фредрик зажег керосиновую лампу, осмотрелся. Все оставалось на местах, как и было, когда он уходил. На тумбочке стояло две бутылки вина, рекомендованного ему днем в лавке на площади, когда он закупал припасы для себя и Женевьевы. Калабрийское вино *«Савуто Ривалс Киро» 1983.* Поставщик — один из лучших здешних виноградников, сказал лавочник.

На комоде лежали его бумаги. Осторожно перелистав их, он убедился, что ничто не пропало. У Фредрика на этот случай был придуман свой, особый прием. Все в порядке...

Запах. Слабый, но заметный. Отчасти даже приятный. Вероятно, источником был «священник», угли раскалились почти добела. Что ж, подумал он, какой-то запах от жаровни должен быть.

Он прилег, не раздеваясь. Отдохнуть немного перед тем, как сходить в ванную и запастись стаканом воды на ночь. Фредрик ощущал тяжесть во всем теле, но жаровня приятно согрела его, он чувствовал тепло через матрас и простыни. Ему даже стало жарко.

Странно. Неужели он перебрал днем? Конечно, степень страсти, какая проявилась в его отношениях с Женевьевой, была непривычна для Фредрика Дрюма, но неужели он в такой уж слабой форме? Лежа на спине, он рассматривал перекладины балдахина. Большие, тяжелые, старинные. «Расскажите мне что-нибудь, перекладины», — пробормотал он.

Не будет же он так и лежать одетый... Надо раздеться, сходить за водой. Фредрик всегда испытывал жажду ночью. Во всяком случае, если на тумбочке не стоял стакан воды. Он с трудом приподнялся на локте, голову так и тянуло обратно к подушке. Попытался сесть — не вышло! Ноги не слушались! Они стали будто свинцовые, ничего не чувствовали.

Свинцовое грузило.

Ему вдруг стало страшно. *В чем дело?*

Он не мог встать с кровати, не мог пошевелить ногами. Мышцы одеревенели, нижняя часть тела от пояса словно парализована!

Он ощутил, как лоб покрылся испариной. Стало вдруг невыносимо жарко. С великим трудом Фредрик поднял руку, взялся за голову, постучал себя по лбу кулаком. Рука безвольно упала на простыни.

«Не паникуй, Фредрик, — мысленно прикрикнул он на себя. — Спокойно, спокойно, спокойно, спокойно. Думай!» Он стал думать. Как ни странно, голова оставалась ясной, никакой сонливости. Пока. Вряд ли это продлится.

Жаровня! Ну конечно, запах, тяжелый сладковатый запах, который становится все сильнее, исходит от «священника». Что-то там, сгорая, выделяет газ, способный лишить его сознания.

Встать, немедленно встать с кровати! Напрягая всю волю, он попробовал повернуться на бок и скатиться на пол, но нижняя часть тела не слушалась. Грудь и голова поворачивались, руки он мог заставить подняться, но пальцы были бессильны ухватиться за что-нибудь, чтобы он мог подтянуть себя к краю кровати.

Тепло от жаровни обжигало спину. Этак скоро постель загорится! Раньше такого не бывало. Но дымом не пахло, был только этот противный сладковатый запах. По лицу струями катился пот. Он вертел головой, приподнимал ее над подушкой. Голова еще слушалась.

«Думай, Фредрик, думай, пока не поздно!»

Горящие уголья озаряли комнату голубоватым сиянием. Взгляд Фредрика метался во все стороны в поисках чего-нибудь, что могло бы облегчить его положение. На мгновение взгляд остановился на рамке с латинским изречением — большие жирные буквы провозглашали все ту же бодрящую весть:

Morituri salutant.
(Идущие на смерть приветствуют тебя.)
Plaudite, cives. Аплодируйте, граждане!

Он находился в Циркус Максимус, на кровавой римской арене. Он умрет. Не в схватке с голодными львами, нет — завянет, уснет навсегда. «Finito, Фредрик Дрюм». В Офанесе в Южной Италии, в средоточии жуткой загадки, в которой черное Средневековье смешано с античной мистикой.

Он не *умрет*. Он обещал Женевьеве, обещал завтра утром проводить ее до Кротоне. Завтра утром.

Почему руки не отнялись совсем, как отнялось остальное тело? Он все еще мог приподнять правую руку над кроватью на два-три десятка сантиметров. «С каждой секундой, Фредрик, — сказал он себе, — паралич приближается к голове. Тогда — конец».

Он повернул голову направо. Тумбочка. Бутылки с вином. На тумбочке стояло две бутылки. Что можно ими сделать? Он поднял правую руку. Медленно, страшно медленно дотянулся до тумбочки, опустил кисть и ощутил ладонью прохладный мрамор. Слегка согнул пальцы и сжал ими одну бутылку.

Осторожно подтянул руку к себе. Бутылка последовала за рукой. Он потащил ее с тумбочки на кровать. Бутылка подчинилась.

«Кричи, Фредрик, зови на помощь!»

Возясь с бутылкой, он попытался крикнуть. Но грудная клетка не хотела подниматься, и он издал только жалкий писк. Рот был словно набит ватой.

Надо затушить огонь под кроватью. Вино — у него целые две бутылки вина. Как воспользоваться ими, как действовать дальше?

Теперь бутылка лежала у него под мышкой. То-то была бы потеха тому, кто увидел бы его сейчас, не зная, что происходит. Фредрик Дрюм, великий знаток вин, лежит в постели, будто младенец, сжимая под мышкой бутылку с вином! Нелепая картина, хотя именно для него подходящий способ прощания с жизнью. Фредди Нильсен в «Д'Артаньяне», втором ресторане Осло, помеченном звездочкой в каталоге Мишлена, ревнивый соперник Фредрика Дрюма, хохотал бы до колик от такого зрелища.

Он крепко держал бутылку, секунды шли, и с каждой секундой ослабевала сила воли. Все же он заставил себя улыбнуться, то была странная улыбка в голубоватом сиянии от проклятого «священника». Gredo juia absurdum — верю, потому что это нелепо.

Он прижал бутылку к краю тумбочки, проверяя, сколько сил еще сохранил. Не густо. *Получится?* Фредрик задумал план — хитрый, изощренный план. Как расправиться со «священником».

Сделал быстрое движение правой рукой. Горлышко бутылки стукнуло по мраморной плите. Впустую, бутылка осталась цела. Сделав глубокий вдох, он стукнул снова. Горлышко отскочило и покатилось по полу. Вино брызнуло на подушку.

Из глазниц покатились слезы — или это был пот? Горлышко потеряно! То самое, в чем он нуждался, — острое стекло. Из лежащей наклонно бутылки возле его головы текли струйки красного вина. Сделав огромное усилие, он поставил ее обратно на тумбочку.

Новая попытка! Фредрик нащупал рукой вторую бутылку и подтянул ее к себе. Пальцы почти совсем онемели, рука не желала слушаться. Тем не менее он ухитрился придвинуть подушку вплотную к тумбочке, чтобы не потерять и второе горлышко.

«Думай, Фредрик!» В голове была словно каша. Хотелось закрыть глаза и отдыхать, отдыхать, погружаясь в крепкий глубокий сон. *«Когда Материя Великого Труда окрашивается в Белый цвет, это знаменует конечную победу Смерти над Жизнью. Ничто не возродится. Король исчез. Земля и Воды стали воздухом, conditio sine qua non*, правит Луна, и Материя обрела такую плотность, что Огонь бессилен ее уничтожить, и, когда Художник зрит эту Совершенную Белизну, философы говорят, что пришла пора разорвать ставшие бесполезными книги. Visita interiora terrae, rectificando инвениес оццултум лапидем»**. В голове гудело, шумело в ушах.*

Только с третьего раза сумел он отбить горлышко второй бутылки. Оно осталось лежать под рукой. Ста-

---

* Необходимое условие *(итал.)*.

** В недрах земли, совершенствуясь, найдешь ты сокровенный камень *(итал.)*.

раясь не проливать слишком много вина, Фредрик вернул бутылку на тумбочку. Взял горлышко. Нащупал длинное острие.

Половина дела сделана, отдалось в заполнившей голову каше. Каша с вином, каша со сливками, каша Дрюма, желе, студень, манная каша, соус с хересом, маринад с коньяком, щербет, суфле, пудинг, паштет…

Сердце косули!

Он рассмеялся, не смеясь, не раскрывая рот, не напрягая гортань, не издавая звука. Потом сильно тряхнул головой и на несколько секунд вернул способность ясно мыслить.

Сжимая горлышко в руке, затолкал его под себя, под спину, туда, где жгло особенно сильно. Сильно порезался, но ничего не почувствовал. И принялся сверлить в постели дыру, механически прорезал простыню, углубился в матрас, набитый шерстью, которая путалась у него между пальцами. Хотел помочь левой рукой, но от нее было мало толку, она быстро онемела в неудобном положении под его крестцом.

Почувствовал, как жжет пальцы. Он продырявил постель насквозь? Это жар от «священника» обжигает пальцы? Вытащив из-под спины правую руку, он поднес ее к глазам. Красная… Красное вино. Кровь. Рука упала ему на лоб и осталась лежать без движения.

«Поднять ее, Фредрик, поднять!» Где-то в нем чей-то голос. Потом он услышал смех, истерический буйный смех отдался в ушах, и он вытаращил глаза. Тишина… Это Фредрик Дрюм хохотал. Его отражение в кривом зеркале. Его *Идея*, которая отделилась от него и насмехалась над ним.

Фредрик Дрюм был свободен. Фредрик Дрюм был пленен.

Наконец удалось поднять руку. Он повел ее по дуге, точно маятник, коснулся тумбочки, задел одну бутылку, и она упала на пол. Разбилась. Играй, свирель, танцуйте и пойте в честь Диониса!

Он почувствовал, что пальцы обхватили вторую бутылку. Взялся повыше — заткнуть отверстие. Острые края врезались в ладонь — приятно, щекотно. Подтянул бутылку к себе.

Она легла на кровать рядом с ним. Из-под ладони сочилось вино, он нажал покрепче. Миллиметр за миллиметром заталкивал бутылку себе под спину, пока не ощутил жар от дыры в матрасе. И отпустил бутылку, давая вытечь тому, что осталось.

Услышал шипение. Почувствовал странный запах, увидел, как по бокам кровати поднимается что-то вроде пара. Голубоватое сияние сменилось желтым, желтое — красным, красное — каким-то тусклым. И вот уже не видно противоположную стену, не видно перекладины балдахина над головой. Фредрик Дрюм закрыл глаза.

«Сердце косули», — успел он подумать, прежде чем все почернело.

7

Он получает письмо, лежа на кровати, думает о следах птичьих когтей на песке и обнаруживает вдруг колыбель сангвиников

— Синьор Дрюм, синьор Дрюм! Проснись, синьор Дрюм!

Где-то в сером тумане качались лицо, глаз, нос, рот. Лицо покрылось рябью, отступило, надвинулось ближе, большое, пугающее, будто обличье циклопа или водяного, единственный жуткий глаз приковал к себе Фредрика с мучительной гипнотической силой.

Вот он видел большой рот, красные губы смыкались и размыкались, точно рана среди звериного меха, густые черные волосы окаймляли пасть, которая огрызалась, жевала, дробила его кости так, что череп лопнул, словно крабий карапакс. Больно, больно, больно…

Голос был эхом, отдающимся в стеклянном туннеле, он врезался в Фредрика, кромсал его, и Фредрик, разрезанный на куски, парил кругами в туннеле вместе с жутким глазом циклопа, вместе с ртом, который то открывался, то закрывался, с рукой, с когтем, который вцепился в него и нажал на легкие так, что не давал вздохнуть. В горле, в груди, в носу щекотало, щекотало, казалось, он сейчас взорвется, рассеет туман, взорвет туннель, окружающее стекло.

Фредрик Дрюм сильно чихнул семь раз подряд, так сильно, что синьор Гаррофоли в испуге отступил от кровати.

Глаза Фредрика были открыты. Взгляд устремлен вперед, на человека, стоящего поодаль. Наконец он узнал черную шевелюру и бороду — это же монах, настоятель, хозяин гостиницы, где он жил.

Жил?

Фредрик тряхнул головой, изгоняя пульсирующую боль. По барабанным перепонкам ударил грохочущий водопад.

— Синьор Дрюм, в чем дело? Разве можно лежать так! Посмотри, что делается в комнате, сколько бутылок красного вина ты вылакал? Что я буду говорить Андреа обо всем этом? А французская мадемуазель была вне себя от досады и ярости, когда уезжала. — Синьор Гаррофоли подошел вплотную к кровати.

Фредрик улавливал лишь какие-то обрывки, отдельные слова, содержащие какие-то обвинения. Он в чем-то провинился. Осторожно подняв голову, он посмотрел вниз, на свои ноги. Увидел, что лежит одетый. Лежит на спине на большой кровати, под балдахином, в комнате... Внезапно Фредрик осознал, где находится, и понял — произошло что-то ужасное. Дурман, «священник», сильная жара, сладковатый запах... Схватка с бутылками!

Он поднял правую руку. Поднял без всяких усилий. Покрытая запекшейся кровью ладонь горела. Пошевелил ногами. Запросто... Он не парализован! Он спасся, видит небо, Фредрик Дрюм и на этот раз избежал гибели!

Он улыбнулся хозяину гостиницы:

— Пожалуйста, будь любезен — принеси стакан воды. Боюсь, я еще не устою на ногах. — Голос хрипел и срывался.

Синьор Гаррофоли покачал головой и вышел. Что в самом деле произошло? Постепенно в памяти восстанавливались события последних дней. «Кодекс Офанес». Профессор Донато д'Анджело. Женевьева. Женевьева! Она собралась уезжать, он должен был проводить ее в автобусе до Кротоне!

Он попытался сесть на кровати, но со стоном упал на спину. Комната вновь окуталась серым туманом, и его чуть не вырвало. Отрава все еще сидела в организме. Его счастье, что он вообще не стал холодным трупом. Фредрик чувствовал, что все конечности слушаются его. Надо только отдохнуть, как следует отдохнуть и избавиться от отравы.

Отдохнуть? Какой там отдых! Автобус отходит в половине десятого.

Он посмотрел на часы. Мигнул, посмотрел снова. Послушал — идут. *Стрелки показывали без четверти четыре.* О том, что день в разгаре, говорили и потоки света из окошка в верхней части стены.

Фредрик покрылся испариной. Где сейчас Женевьева? Что она думает? Он должен был помочь ей с багажом. «Пресвятая Богородица!» — простонал Фредрик.

Его не слишком светлые мысли нарушило появление синьора Гаррофоли, который вошел и поставил на тумбочку стакан с водой.

— Такую грязь развести, синьор Дрюм, вот уж чего никак не ждал от тебя. Посмотри сам, что ты тут натворил. — Низкий голос хозяина гостиницы звучал отнюдь не приветливо.

Только теперь Фредрик обратил внимание на свою постель и на окружающую обстановку. Вся одежда мокрая... Простыни красные от вина и кровавых пятен. На полу лежала разбитая бутылка. Рядом с ним — другая, наполовину закрытая простыней. Пахло кислятиной.

— Синьор Гаррофоли, — заговорил он униженно и испуганно. — Послушай... Все было не так, как ты думаешь... Я вовсе не пил... Мне нездоровится, ночью что-то произошло, вот, погляди на мои руки — кровь. Посмотри!

Он показал свои ладони хозяину гостиницы.

Синьор Гаррофоли поскреб подбородок.

— Ты мог попросить штопор, вон их сколько лежит в вестибюле, в маленьком ящике. Я должен идти, пришлю Андреа, чтобы навела порядок. Держи письмо, которое прекрасная сеньорита написала сразу после того, как утром мы тщетно пытались привести тебя в чувство после пьянки. — Он швырнул Фредрику на кровать письмо и вышел, оставив дверь приоткрытой.

— Но «священник», посмотри на «священника», вино понадобилось, чтобы... — крикнул Фредрик вслед Гаррофоли.

Дрожащей рукой взял письмо, зная, что содержание будет ужасным. Вскрыл конверт.

«Фредрик Дрюм.

Я окончательно разочаровалась в тебе. Понимаю, что ты вовсе не тот, за кого я тебя принимала. Постараюсь забыть тебя навсегда. Вряд ли это будет так уж трудно. Дома в Сент-Эмильоне многие ждут меня, люди, способные соблюдать приличия в отношениях с женщиной. Я думала, ты знаток вин, а не пьяница. Не пробуй связаться со мной. Я сыта по горло.

Женевьева Бриссо».

Он сник, сжался в комок, стремясь уменьшить этот комок до размеров точки, вообще превратиться в ничто. Его била дрожь, она перешла в судороги, все тело дергалось, руки и ноги дергались, губы пересохли, уподобившись высушенной солнцем рыбьей коже. Он замерз, он обливался пóтом, на коже то появлялись, то пропадали пупырышки, перекладины балдахина давили на него, расплющили в бесформенную лепешку. Никогда в жизни Фредрик Дрюм не ощущал такого страха, такого ужаса и отчаяния.

Лучше бы он умер ночью.

Он потерял свою любимую. Потерял Женевьеву.

Три года ждал. И в три коротких дня все испортил. Он тварь, мерзкая, скользкая змея, таракан, навозная муха, вошь, ублюдок, живое недоразумение, недостойное жить на свете. Его давно следовало истребить.

Остаться ничтожным комочком, ничем...

Он не желал мыслить.

Большой палец ноги пошевелился. Продолжая лежать, он бездумно глядел на шевелящийся палец. Между пальцем и глазами была пустота.

Странный палец, не хочет угомониться! Так и кивает, кивает ему, снова и снова. Ноготь — лицо, с глазами, носом, ртом. Веселое лицо. Оно улыбалось. Улыбалось Фредрику Дрюму.

— Болван, грязное рыло! — громко сказал он, приподнимаясь на локтях. От звука собственного голоса стало легче на душе. — Привезите кран, поднимите меня. Принесите канаты и блоки! Отвезите меня на глубокое место и сбросьте в воду. Привяжите к ногам свинцовое грузило. Сожгите книги, рукописи, индексы и коды! Бейделус, Демеймес, Адулекс, Метукгэйн, Атин, Фекс, Уквизиуз, Гадикс, Сол, Veni cito cum tuis spiritibus*. Сбросьте меня с высочайшей горы Гималаев в трещины ледника, где обитают Афикс и Бефикс! Чистилище: Sappia qualunque il mio nome dimando chi mi son Lia, e vo movendo intorno la belle mani a farmi una ghirlanda**. Расточите лимоны, горький миндаль, затхлый хлеб и наполните сосуды кислым козьим молоком. Вот так. Именно так!

Большой палец ноги кивнул и улыбнулся.

Он смолк. В коридоре послышались тихие шаги. В комнату вошла Андреа. Она несла ведро, метлу и стопку чистых простыней.

Приветственно присела, поклонилась, поздоровалась.

— Только не подумай, что я нарочно тут насвинячил, я не выпил ни капли, меня одурманило что-то, чем была наполнена жаровня, я потушил угли вином, лежал, точно парализованный, еле мог шевелить ру-

---

* Поспешай с духами твоими *(итал.)*.

** Всякий, кто спросил имя мое, пусть знает — зовусь я Лия, и прекрасные руки мои сплетают гирлянды *(итал.)*.

ками, в конце концов мне удалось залить эту гадость, потом я потерял сознание и только сейчас проснулся. — Слова били фонтаном, он спешил оправдаться.

Она не смотрела на него. Просто стояла не двигаясь. Потом тихо произнесла:

— Тебе не следовало приезжать сюда. Тебе надо уезжать домой.

Сказала и занялась уборкой.

— Извини, — отозвался Фредрик. — Что ты подразумеваешь? Почему мне не следовало приезжать? Это ты поздно ночью положила угли на жаровню и посыпала их ядовитым порошком?

Андреа не ответила. Собрала осколки, вытерла пол и тумбочку, вытащила жаровню, понюхала. Потом посмотрела на него испуганными мутными глазами. И удалилась, захватив с собой «священника».

Тотчас она вернулась.

— Ты слышала мой вопрос? — Фредрик не собирался сдаваться, желал добиться ответа. — *Это ты хотела отравить меня?* Чем я тебе помешал? Ты пытаешься испугать меня латинскими изречениями? — Он показал на стену, на рамку с любезным приветствием.

— Я... я только хотела.

— Чего ты хотела?

Она поджала губы. Морщины на лице разгладились. «Видать, немного мяса у нее под кожей», — подумал Фредрик.

— Дорогая синьора Андреа, чего ты хотела? Ты понимаешь — я едва не погиб тут ночью! — В его голосе звучала мольба.

Она подошла вплотную к кровати. Посмотрела на простыни, на клочья шерсти из матраса.

— Я знаю, — коротко ответила она.

Показала жестом, чтобы Фредрик встал, позволил ей убрать постель. Он осторожно повернулся, свесил ноги. Мышцы слушались. Поднялся, опираясь руками на тумбочку. Глаза закрылись сами. В голове стучало, он чувствовал, что вот-вот потеряет сознание. Стиснул зубы. Долго стоял так, пока Андреа не управилась с постелью. Лег.

— Отвечай же, Андреа, — прошептал он.

Однако она молча удалилась, захватив грязные простыни, метлу и ведро. Уходя, закрыла дверь.

«Страдания и муки, — сказал себе Фредрик. — Они желают обречь меня на страдания и муки. Черт бы побрал этот Офанес, хоть бы он провалился сквозь землю. Надо же было так сглупить, позволить заманить себя сюда. Женевьева», — болью отдалось в душе. Женевьева, Женевьева. До чего же больно...

Он закрыл глаза.

Когда он проснулся после сна без сновидений, было темно. Отыскал в кармане зажигалку, засветил керосиновую лампу. Посмотрел на часы: половина девятого.

Ему стало лучше.

Собравшись с духом, он поднялся с кровати. Ноги не подкашивались. Голова по-прежнему болела, и его бил озноб. Летнее тепло не проникало через толстые каменные стены. Проверил рубашку — рваная, спину — глубокий порез от правого бока к крестцу. Горлышко от бутылки... Правая кисть тоже сильно болела.

Он вышел, качаясь, в коридор. Опираясь о стену, добрел до ванной. Увидел в зеркале мертвенно-бледного Фредрика Дрюма с расширенными, воспаленными глазами. Помылся, хорошенько намылив голову и туловище до пояса. Полегчало. Потом занялся своими ранами. «Шрамы будут что надо... Но самая глубокая рана глазу недоступна», — с горечью подумал он.

Возвратившись в номер, он почувствовал, как сосет под ложечкой от голода. Переоделся, передохнул и приступил к трудному спуску в вестибюль.

Синьор Гаррофоли говорил по телефону и встретил Фредрика свирепым взглядом, когда тот оперся о стойку. Подождав, когда он закончит говорить, Фредрик сказал:

— Произошло недоразумение, синьор. Если ты можешь подняться в номер ко мне, захватив чего поесть, и уделишь мне несколько минут, я был бы очень благодарен. Можешь оказать мне такую услугу?

— Желание гостя — приказ, — пробурчал хозяин. — Разве что Андреа... Buono. Принести что-нибудь горячее? Вина сегодня вечером не надо?

Фредрик покачал головой. Сказав «спасибо», медленно, чтобы не упасть по дороге, побрел обратно в номер и лег на кровать.

Вскоре послышался стук в дверь, и вошел Гаррофоли. Он поставил на тумбочку поднос — яичница с ветчиной, колбаса, сыр и хлеб. Оливки и фрукты. И графин с апельсиновым соком.

— Слушаю тебя.

Могучая фигура Гаррофоли высилась над кроватью. Богатырь. Инквизитор из Средневековья. Нечесаная борода и шевелюра.

Фредрик указал на стул, хозяин сел, Фредрик налил себе стакан сока, выпил залпом и закусил сыром. После чего приступил к рассказу.

Старался говорить медленно и внятно, сказал, что накануне задержался в клинике у своей любимой и вернулся в гостиницу поздно. Что от жаровни шло какое-то белое сияние, и в комнате царил странный запах. Что он лег и уже не смог подняться, ноги совсем отнялись. Что от «священника» распространился ядовитый газ. Описал, каких великих трудов стоило ему потушить угли на жаровне. Как он потерял сознание. И очнулся только сегодня днем, когда синьор Гаррофоли разбудил его. Вот что случилось на самом деле.

Хозяин испытующе посмотрел на Фредрика. Прилежно поскреб свой подбородок.

— Какая-то безумная история, если то, что ты рассказал, — правда. А твои раны и эта кровь вынуждают меня поверить тебе, кровь не способна лгать, это доказано историей. К тому же здесь происходят странные вещи, но это не должно затрагивать моих постояльцев, никак не должно. Как говорил Маркиз де Люше: *«В глубокой тьме учреждено общество, члены которого узнают друг друга, не встретившись прежде ни разу, они сотрудничают, не общаясь, пользуются услугами друг друга, не состоя в дружбе»*. Я ничего не знаю, я бедный хозяин гостиницы, где постояльцы большая редкость. Но как ты сказал, синьор Дрюм, «священник» был наполнен углями среди ночи? — Гаррофоли барабанил пальцами по комоду.

— Насколько я понимаю, жаровню только что разожгли, когда я вернулся сюда около часа ночи. И от нее распространялось бело-голубое сияние, — ответил Фредрик, уписывая яичницу с ветчиной.

— Странно, Андреа никогда не разжигает «священника» после десяти вечера. И я знаю, что она не заходила в твой номер после одиннадцати.

— Ты уверен? — справился Фредрик с полным ртом.

— Клянусь кровью Пресвятой Богородицы! — решительно произнес Гаррофоли, зажмурившись.

— Синьор Гаррофоли, — Фредрик отложил вилку, — я понимаю, это не мое дело, но все-таки — *кто такая* Андреа?

Хозяин еще сильнее нервно забарабанил пальцами, мешкая с ответом. Наконец заговорил:

— Андреа — моя жена, Андреа Гаррофоли. Девичья фамилия… Умбро. Она старшая сестра Джианны, что живет наверху в замке. Отец — Иль Фалько, синьор Ромео; великий покровитель Офанеса. Мы женаты двадцать лет, это были счастливые годы. Но… — Он остановился.

— «Но»? — Фредрик пристально посмотрел на него.

— Тебя это не должно касаться, синьор Дрюм. Большие проблемы, тебя это не касается, пойми меня. — Он говорил тихо, избегая смотреть на своего постояльца.

Фредрик снова взял вилку. Умбро. Куда ни сунься — Умбро.

— Эта гостиница — в прошлом она была монастырем? Эмпедесийские монахи? — решил он зайти с другой стороны.

Синьор Гаррофоли резко встал со стула. У него было безумное лицо, глаза грозили выскочить из орбит, рот скривился в гримасе.

— Прекрати, синьор. Я должен идти, дела ждут. Многое связано с ночью и мраком. Я не взываю к мощи Стола Единения, не следую за Духами Активности и Пассивности — Эгейе и Агла. — Он направился к двери.

— Постой! — жестко сказал Фредрик. — Ты понимаешь, что на мою жизнь покушались? Весьма тяжкое преступление. В твоей гостинице. У меня хорошие, очень хорошие связи в римской полиции.

Почему не прибегнуть к невинному обману?

Гаррофоли остановился. Печально посмотрел на Фредрика.

— Что бы ты ни делал, что бы ни задумал, я не могу тебе помешать. Я ничего не знаю. Мир обратился против меня. Но мне известно, что утром, когда пришла твоя прекрасная сеньорита и я пытался тебя разбудить, ты лежал на спине и храпел так, что стены дрожали. Я тщетно старался тебя разбудить, но ты был жив и целехонек. Сеньорита расплакалась, когда увидела все это, и в номере пахло кислым вином. — Он распахнул дверь.

Фредрику стало не по себе.

— Она видела... *видела,* как я лежал тут и храпел? Она подумала... — Он лег и закрыл глаза.

Хозяин ушел. Фредриком овладело полное безразличие. Adiafora. Он понимал — ничто, теперь ничто не вернет ему любимую. Она видела, она поверила. Никакие слова не переубедят ее. Все, конец.

Его окружали безумные люди. Они замыкались в себе, не желали разговаривать. Здесь есть загадки, которые скрывают от него, Фредрика Дрюма. А может, они и впрямь его не касаются?

Однако он знал: в *Офанесе орудует убийца.* Хитрый, коварный убийца, который наносил удар, когда кто-то вольно или невольно угрожал его планам. Человек могущественный и влиятельный. Скрывающий что-то очень важное. Видящий серьезную угрозу в нем, в Фредрике Дрюме. И собственно, все очень просто: угроза эта связана с этим проклятым «Кодексом Офанес».

Если бы сейчас, сию минуту, или завтра утром Фредрик мог передать *фрагмент № 233 XII* другому человеку, способному прочесть его, расшифровать хитроумный код, он без раздумья сделал бы это. После чего спокойно сел бы в автобус, чтобы как можно скорее покинуть это страшное место. Но он не мог этого сделать. Он — эксперт. Вероятно, первый в мире знаток методов дешифровки. Только Фредрику Дрюму под силу расшифровать «Кодекс Офанес». Если это вообще возможно. Именно поэтому прославленный Римский университет обратился прямо к нему в Осло.

При обычных обстоятельствах он махнул бы рукой на это задание. Если бы в тексте, судя по всему, не содержалось нечто, подвигающее людей на убийство, он, конечно же, давно забыл бы о нем и сосредоточился на том, что гораздо важнее: на своем будущем вместе с любимой девушкой. Теперь же перед ним стоял простой этический императив: истолковать текст, спасти людей, схватить убийцу, прежде чем он снова нанесет удар!

Этот этический алтарь оправдывал любые жертвы. Его личное счастье вместе с Женевьевой отходило на второй план. Тебе понятно, Женевьева? *Людские жизни?* Он уставился на перекладины балдахина над собой. Потом поднялся, подошел к комоду, собрал свои записи и вернулся к кровати. Прежде чем лечь, запер дверь и придвинул к ней тяжелый комод. Сегодня ночью никто так просто не проникнет в его номер. Отныне Фредрик будет настороже.

Он написал в тетради девять имен.

Витторио Нурагус, начальник полиции.
Витолло Умбро, врач.
Синьор Тигателли, врач.
Ромео Умбро, владелец замка.
Андреа Умбро, дочь.
Джианна Умбро, дочь.
Синьор Гаррофоли, хозяин гостиницы.
Синьора Клара, эмпедесийские сестры.
Синьор Ратти, трактирщик.

Он перечитал написанное. Фредрик не сомневался — кто-то из них убийца. Или убийцы, в преступлениях могут быть замешаны несколько человек. Но сколько он ни напрягал воображение, не видел, чтобы у кого-либо могли быть веские мотивы убивать двоих мальчиков, одного сторожа и профессора Римского университета.

Мотив был скрыт.

Мотив таился в «Кодексе Офанес». Кодексе смерти.

У Фредрика прояснилось в голове, думалось легко, и он заметил, что, когда мысли сосредоточены на проблеме дешифровки, все дурное забывается. Фредрик Дрюм, увлекающийся Дрюм, никуда не делся.

Он разложил на кровати листы бумаги и книги. Сам того не замечая, стал что-то напевать. Менял круги трифемо-шампольонского винта, составлял необычные комбинации, проверял не применявшиеся прежде обозначения. Старался испробовать все, чем только располагал.

И все без толку. Начертания оставались немыми. Ни логики, ни смысла. С таким же успехом он мог пытаться расшифровать отпечатки птичьих когтей на песке. *Но какой-то смысл должен быть,* это ведь не смеха ради начертано!

Больше всего его ставили в тупик точки и знаки, которые нельзя было с уверенностью назвать письменами. А потому он выписал отдельно важнейшие из них, расставив согласно частоте повторения. Вот, что у него получилось.

Он таращился на эту строку до боли в глазах. Что-то удивительно знакомое… Он был уверен, что где-то уже видел нечто подобное.

И все же это невозможно. В своем своде ключей для дешифровки он обозначил все, абсолютно все мыслимые письмена, пиктограммы, иероглифы и орнаментальное письмо известных культур. Вот они перед ним, эти ключи. И никакого толка. Ведь при всем внешнем сходстве тут отнюдь не представлены знакомые буквы латинского алфавита. Тут нечто совсем другое. Тем не менее его не покидало ощущение, что он *уже видел раньше эти знаки.*

Он отложил записи в сторону. Продолжал размышлять, лежа на кровати. Дал волю потоку ассоциаций. Парил над глубокими ущельями и высокими вершинами. Над ледниками и пустынями. Заглядывал в пирамиды и храмы, посещал жертвенники и погребения. Майя, инки, шошоны, хопи, ацтеки, тольтеки, навахо, атапаски. Шумеры, хетты, ликийцы, ассирийцы, минойцы, кельты, инуиты… Никакого просвета.

Фредрик не чувствовал усталости. Время близилось к полночи, но ему совсем не хотелось спать. Он принялся листать книги, в которых шла речь о философских школах Античности.

— Эрметика Хирон, — пробормотал он слова из загадочного текста. — Хирон, Кирон.

Кирон! Какое выражение употребил доктор Витолло? Которое ему ничего не сказало... «Киронская метафизика». Что такое «киронская метафизика»? И откуда доктору что-то известно? Он неплохо ориентируется — привел два понятия, содержащихся в загадочных строках *фрагмента № 233 XII:* «Umbilicus Telluris» и «хиронская метафизика». Нет — три понятия! Фредрик вспомнил вдруг свой первый разговор с доктором Умбро, когда тот сказал: «...наш *синедрион* не так уж мал...» Синедрион. Фредрик запомнил это именно потому, что у него не выходили из головы странные строки.

Доктор Умбро видел *фрагмент № 233 XII*? Или речь идет о случайных совпадениях? Вообще, сколько людей были знакомы с этим документом? Досадно, что ему так и не довелось встретиться с Донателло д'Анджело. Но завтра он позвонит в Римский университет, попросит соединить его с ближайшими сотрудниками профессора. Вряд ли д'Анджело занимался этим вопросом один.

Он открыл главу о неопифагорейцах. Перебирая имена, остановился на примечательной личности. Эмпедокл... Сицилийский мистик и врач.

> «Бессмертному богу подобясь средь смертных, шествую к вам, окруженный почетом, как то подобает, в зелени свежих венков и в повязках златых утопая.

Сонмами жен и мужей величаемый окрест грядущих... они же за мною следуют все, вопрошая, где к пользе стезя пролегает: те прорицаний желают, другие от разных недугов слово целебное слышать стремятся... Други! я знаю... Древний божий устав, глагол Неизбежности вещий есть во веки веков, скрепленный великою клятвой: если из демонов кто, долговечною жизнью живущих, члены свои обагрит нечестиво кровавым убийством иль согрешит, поклявшись ухом и питающей силою крови, тридцать тысяч времен вдали от блаженных скитаться тот осужден... Ныне и сам я таков: изгнанник богов и скиталец, к клятве преступной прибегший...»

Фредрик подскочил на кровати. Эмпедокл. Врач. Который говорил о питающей силе крови, мистик, почитавший себя спасителем! Потрясающее совпадение — и вряд ли случайное.

Эмпедокл — Эмпедесийский орден. И эти речи о крови. Дева Мария с кровью Иисуса Христа. Царство Божие, кое должно было в один прекрасный день взрасти здесь в Офанесе, пупе земли.

Нет, не может быть. У монашеских орденов не бывает корней в еретической философии. Но откуда сходство в имени и названии?

Фредрик задумался: представь себе, что некогда, до начала нашего летосчисления, в духе Пифагора и Эмпедокла сложилась мощная школа мистиков, влиявшая на религию и этику. Что эта школа, воспринявшая мысли греческих философов, оказалась настолько жизнеспособной, что просуществовала до Средних веков. И что характерная для этого мрачного периода истории какофоническая смесь церковных речений, церковного раскола, ереси и всяческих раздоров послужила почвой для образования ордена, основанного на пережитках древних учений, увенчанных христианской надстройкой? Такой орден вполне мог избрать название Эмпедесийского.

Или же, что куда проще, последователи Эмпедокла в этих краях и в новой эре продолжали развивать его учение, покуда обстоятельства не вынудили их вписаться в многообразие ветвей католической церкви. Должно быть, на этом пути происходили страшные вещи, тем не менее они ухитрились сохранить имя древнего учителя.

Вполне возможно, что так и было.

Фредрик продолжал читать про Эмпедокла. Sanguis — кровь играла важнейшую роль в его учении. Он развил теорию о четырех типах человеческого темперамента. Сангвиник Эмпедокл оставил глубокий след в истории, внес большой вклад в психологию.

Продолжая свои ночные изыскания, Фредрик выстроил ряд мыслителей и школ, подвергшихся влиянию Пифагора и Эмпедокла. Закончилось тем, что он вскочил с кровати, отодвинул от двери комод и принес из ванной целый кувшин воды. Выпил залпом два стакана. Вот как выглядел этот ряд.

Пифагор, Симмий, Кротон, Эмпедокл, Клеанф, Хрисипп, *Хирон*, Посидоний, Сенека, Эпиктет, Марк Аврелий.

Хирон — наконец-то нашелся «Эрметика Хирон»! Загадочный Хирон, мифический персонаж, кентавр, основатель школы врачевания. Ну конечно же, это он. Фредрик снова перечитал отрывок из *фрагмента № 233 XII*; в более вразумительном лексическом облике он выглядел так:

«...Послание Святого, Святейшего Силотиана, как оно изложено в Ритуале Смерти, гласит... По словам Эрметика Хирона, таков Шепот Смерти...»

Для полного толкования текста Фредрику недоставало лишь двух вещей: дешифровки кода и распознания этого «Святейшего Силитиана». Он стоял на пороге разгадки. Два умерших мальчика что-то говорили про «силотиан».

Фредрик Дрюм собрал разбросанные записи и книги. Надо поспать. Завтра предстоит основательно потрудиться. Он задул лампу и лег.

Теперь Фредрик был один здесь в Офанесе, никаких обязательств перед кем-либо. Может идти куда захочет, когда захочет. Если умрет, вряд ли кто-нибудь станет горевать.

Мрачные мысли были нарушены неожиданным проблеском. Обитающий в недрах мозга неутомимый архивариус нашел наконец нужное слово:

Невмы.

Услышав и осмыслив это слово, Фредрик Дрюм уснул с улыбкой на губах.

8

Один органист бормочет латинские слова, Фредрик Дрюм пересчитывает мертвых животных, открывает банку сардин и встречает на дороге рубенсовского херувима

Фредрик Дрюм во многом был пустым местом. У него был поразительно скудный опыт общения с дамами, главным образом из-за неискоренимой застенчивости вместе с почти сверхромантическим взглядом на противоположный пол. Но уж если чувство укоренялось, то прочнее прочного. Оно жило в нем, подобно внутреннему органу.

Принимая душ и приводя себя в порядок в ванной, он спрашивал себя, как долго будет в нем жить орган, называющий себя Женевьевой Бриссо. «Должно быть, вечно, — сказал он себе. — Все, пропал...» Теперь уже только под старость таинственный орган отомрет настолько, что он отважится вновь позволить себе любить.

— Ты пустое место, — сказал он зеркалу, и отражение кивнуло.

Анахронизм. Он, сплошной живой анахронизм, наверное, чувствовал бы себя несравненно лучше как оккультист среди храмовников и нищих монахов Средневековья. Там он запросто мог бы изъясняться по-гречески и на латыни, оперировать каббалистическими словами и формулами так рьяно, что все планеты Солнечной системы сошли бы со своих орбит и его сожгли бы как еретика.

Много ли чести знать разницу между бургундским и бордо? Или различать «Шато Марго» и «Белую лошадь»? Много ли смысла в том, чтобы придумать потрясающий соус на основе особого старого сыра, пользующийся всеобщим признанием среди норвежских шеф-поваров? Пустое.

На часах было девять.

Он спал плохо. Проснулся до восхода солнца, после чего долго лежал в постели, созерцая тени в комнате. В монашеской келье. Его поселили в монашескую келью. Самое подходящее место для него.

Фредрик сел на кровать. На чьем-то дворе кукарекал заспанный петух. Фредрик посмотрел на свои записи. Вчера он далеко продвинулся. Вышел на след. След чего? По спине побежали мурашки. Среди каменных стен было сыро и холодно. На волю! Он больше суток не выходил из гостиницы.

Кто-то ждет его. Кто-то предпочел бы видеть, как его выносят из «Альберго Анциано Офани» в черном гробу. Не вышло, стало быть, он по-прежнему занимает верхнюю строчку в чьем-то перечне смертников.

Фредрик сознавал, что его жизнь в опасности. Он взял себя в руки, встал. «Отныне, — подумал он, — ничто не должно случиться как следствие глупого любопытства и слепого безрассудства». Прежде он мог совещаться с переливами пятиконечного кристалла. Этот кристалл находится в лаборатории в Англии. Теперь оставались проблески в собственном мозгу. Тоже неплохо.

Синьор Гаррофоли сидел в вестибюле, жуя баранью колбасу. При виде Фредрика поднялся и вытер бороду.

— Тебе сегодня получше, синьор Дрюм? Я по-прежнему не понимаю, что произошло, но я исследовал «священника», прежде чем Андреа выбросила угли, и запах в самом деле был подозрительный. Но кто мог быть способен на такое злодейство? Если бы только Андреа вернула мне ключ... — Он поглядел отрешенно в пустоту. — Чем могу быть тебе полезен, господин?

Струящийся через открытую дверь солнечный свет заставил Фредрика протереть глаза. Его взгляд остановился на коричневом корешке книги на полке рядом со стойкой. «Spaccio della bestia trionfante» Джордано Бруно.

— Телефон, — сказал он. — Мне нужно сделать несколько важных звонков. Можно позвонить отсюда?

Он показал на черный аппарат на стойке.

— Naturalmente*. Звони, сколько пожелаешь. Я не буду мешать. — Гаррофоли удалился в комнату за стойкой.

Фредрик подтащил тяжеленный стул. Достал из кармана несколько листков. На одном был номер телефона в Римском университете. Кабинет профессора д'Анджело. Он набрал номер и стал с нетерпением ждать. Ему ответил женский голос.

Фредрик говорил медленно, раздельно. Его переадресовали к одному, другому, третьему сотруднику. Наконец он вышел на ближайшего помощника профес-

---

* Естественно *(итал.)*.

сора, аспиранта Антони Франкиакорта, который участвовал в раскопках в Офанесе.

Франкиакорта сообщил Фредрику следующее.

Та часть «Кодекса Офанес», копией которой располагал Фредрик, *фрагмент № 233 XII*, потребовала большого труда, чтобы не повредить ее, когда развертывали свиток. То, что предшествовало этому фрагменту, и то, что следовало за № 233 XII, не удалось сохранить, по словам синьора Лакедала. С уцелевшим фрагментом обращались чрезвычайно осторожно, оригинал хранится на кафедре в несгораемом шкафу. Других копий, кроме отправленной синьору Дрюму, не было, и только сам профессор д'Анджело работал с оригиналом. Аспирант Франкиакорта его не видел, оригинал следовало беречь от яркого света. Пока не будет назначен преемник профессора, документ никому не будет выдаваться.

Откуда такая уверенность, что нет других копий, допытывался Фредрик.

Франкиакорта лично не один раз обсуждал с профессором содержание «Кодекса Офанес», и они пришли к выводу, что часть свитка, а именно фрагмент, о котором идет речь и который не поддавался толкованию, видимо, содержит сведения о герметическом учении, сложившемся во времена поздней Античности. Полагая, что ближайшее знакомство с этим учением позволит выявить неизвестные факты, посчитали желательным до поры до времени предавать гласности суть текста. Так что на сегодняшний день с фрагментом знакомились только двое — Донато д'Анджело и Фредрик Дрюм. Однако профессор трагически погиб в результате покушения, организованного политическими экстремистами.

Фредрик поблагодарил и пообещал появиться в Римском университете, когда закончит свои исследования в Офанесе.

Положив трубку, он долго обдумывал услышанное. Потом снова обратился к телефону, заказал международный разговор. С Норвегией, с Бергенским университетом. Однако ни Лаксдала, ни Юханессена не было на месте. Ему дали номер домашнего телефона Юханессена.

Фредрик застал его дома. Юханессен вкратце сообщил, что на заключительной стадии обработкой свитка занимался Лаксдал, и, пока они вместе занимались этим сложным делом в Риме, никто из посторонних не допускался к их занятиям. Кстати, сейчас Лаксдал должен находиться в Италии, участвовать в раскопках недалеко от Ливорно на западном побережье.

И наконец Фредрик позвонил органисту Дэвиду Пирсону, временно работающему в уезде Серфолд на севере Норвегии; разговор получился длинный и непростой.

Дэвид Пирсон был не единственным английским органистом, подписавшим контракт в Норвегии; отличало же его то, что он занимался историей античной музыки и мало кто мог с ним сравниться в этой области. Фредрик познакомился с Дэвидом Пирсоном в Осло зимой на одном мероприятии, связанном с дегустацией, где тот доказал, что недурно разбирается в старых бургундских винах.

Глядя на лежащие перед ним четыре загадочные строчки, которые никак не поддавались дешифровке,

Фредрик пытался возможно точнее описать их по телефону. Пирсон записывал его рассказ, бормоча латинские слова — virga, punctum, podatus, clivis, scandicus, climacus, torculus porrectus. Иногда смолкал, заполняя промежутки между письменами разными знаками и точками. В конце концов, после неоднократного повторения Фредрик заключил, что Пирсон записал все совершенно точно.

Дня два, сказал под конец Пирсон, не меньше двух дней понадобится ему, чтобы установить, есть ли вообще в этих строках какой-то смысл. Твердо ничего не обещал, задача явно сложнейшая, но заверил, что постарается.

Фредрик вытер вспотевший лоб. Упарился... Вернул на место стул и постоял у выхода из гостиницы, чувствуя, как настроение заметно поднимается. Фредрик Дрюм перешел в наступление.

Завтрак может подождать, успеется...

Он обогнул бугор, где под оливами паслись козы. Сразу за бугром высилась заброшенная часть старого монастыря. Что происходит там по ночам? Люди со свечами, женщина, выходящая из руин после полуночи, подземные помещения... Стоит изучить поближе это место. Карманный фонарик, перочинный нож, что еще может ему понадобится?

Фредрик зашел с тыла. С этой стороны не было никакого входа. Протиснувшись сквозь заросли шиповника, он тщательно изучил каждый квадратный метр кладки, но не увидел ни одного отверстия. Не считая окон наверху — слишком высоко, чтобы можно было через них забраться внутрь. В боковых стенах тоже не было ничего, похожего на вход.

У одной из этих стен он вдруг остановился. На земле перед ним лежала мертвая собака.

Труп еще не начал разлагаться, над ним жужжали мухи. Рядом лежало еще одно мертвое животное. За ним — дохлая кошка. Две кошки. Он обнаружил, что со всех сторон его окружают трупы. Зажав нос, он быстро покинул зловещее место. Похоже было, что все трупы пролежали здесь примерно одинаковое время. И бросили их здесь не так давно.

Фредрик вышел к фасаду. Вот и дверь, подходы к которой отчасти перегорожены упавшими блоками. Когда он был здесь в прошлый раз, его окружал кромешный мрак. Сейчас, при дневном свете, ничто не вызывало каких-либо опасений.

Внезапно он услышал стук. Откуда-то изнутри здания. Тяжелые ритмичные удары, словно кто-то бил кувалдой по кладке. Быстро осмотрелся — никого, никто не следит за ним. Живо перелез через блоки и вошел в здание.

Стук прекратился, но и здесь никого не было видно.

Поскольку крыша не сохранилась, солнечный свет без помех проникал внутрь здания, освещая пол, поросший травой и засыпанный обломками, и частично разрушенные перегородки. Повсюду валялся мусор.

Вдруг снова послышался стук. Звук доносился из отверстия в углу, где был вход в подвал, куда он спустился в тот раз, когда последовал за горящей свечой. И очутился в помещении, где его заперли. Наверху сейчас ничто не привлекло внимание Фредрика, и он направился к темному отверстию. Чем ближе, тем громче звучал стук. Он еще раз осмотрелся кругом — ни души.

Включив фонарик, Фредрик начал тихо, осторожно спускаться по ступенькам. Очутился в коридоре под сводчатой кровлей, с которой тут и там капала вода. Здесь царил знакомый запах — моча и экскременты.

Стук опять прекратился. Фредрик увидел впереди колышущийся свет. И чей-то силуэт.

Он выключил фонарик и остановился.

Вдруг силуэт направился в его сторону. Фредрик развернулся, живо взбежал вверх по лестнице и присел, скрываясь за обломками.

Из подвала вышел, насвистывая, мужчина. Яркий солнечный свет заставил его протереть глаза; в руках он нес пилу и молоток, а также качающийся фонарь.

Это был синьор Пугги, с которым он разговаривал несколько дней назад, отец одного из погибших мальчиков.

Фредрик выпрямился. Синьор Пугги удивленно остановился.

— Святая Ревекка! — воскликнул он. — Ты напугал меня, синьор Дрюм. Что ты делаешь тут, среди этого мусора и обломков?

Фредрик улыбнулся:

— Любопытство одолело... Я услышал стук и подумал, уж не явились ли монахи, чтобы восстановить свой монастырь.

Он сел на большой камень. Синьор Пугги отложил инструмент, вытер пот и сел рядом.

— Пришлось-таки потрудиться, — сказал он. — Но теперь дело сделано. Представляешь, какой-то идиот поджег толстую деревянную дверь, ведущую в подземелье, открыл проход ребятишкам! Там ведь недолго и шею сломать, так что я ни минуты покоя не знал, пока не собрался отремонтировать эту дверь. От этих пострелов всего можно ожидать, хоть я и пугал их ведьмами и привидениями. Теперь как следует вход заколотил. Даже кошка не прошмыгнет.

— Там под землей много помещений? — спросил Фредрик.

— Люди говорят, там настоящие катакомбы. Сам-то я не проверял, большинство ходов замуровано. К счастью. Во время войны немцы хранили там боеприпасы, и я не удивлюсь, если там по сей день лежит динамит. Сам понимаешь, не только для детей опасно, но и для взрослых.

Пугги закурил маленькую сигару.

Фредрик ощутил легкую досаду. Синьор Пугги заколотил вход в помещение, которое ему так хотелось изучить поближе… Снова прокладывать себе путь в подземелье он не станет. Решение загадки следует искать где-то на поверхности земли.

— Синьор Пугги, помнишь, мы говорили о том, что нашли твой сын и его друг и чем они надеялись обрадовать профессора? Ты еще упомянул слово «силотиан». С того раза тебе больше ничего не вспомнилось?

Фредрик отмахнулся от роя мух.

— Нет, синьор. — Пугги покачал головой. — Бедняжка Альдо мало что успел рассказать. Помню только, что мальчики в связи со своей находкой говорили про одну кражу, которая произошла здесь полгода назад.

— Кража? — Фредрик выпрямился.

— Ну да, говорили про какую-то кражу, что именно было украдено, понятия не имею, но археологи страшно возмущались, и в этой связи почему-то называли имя доктора, Витолло Умбро.

— Думаешь, это было что-то важное? — Глупый вопрос, и Фредрик поспешил добавить: — Я хотел сказать — пропало что-то, найденное в раскопе?

Синьор Пугги опять покачал головой и встал:

— Ты уж извини, синьор Дрюм, но я просто не знаю. А сейчас мне надо идти, меня ждет работа на моем винограднике.

Он торопливо собрал свой инструмент, улыбнулся Фредрику и вышел через ворота.

Фредрик остался сидеть на камне.

Кража. Витолло Умбро. В распоряжении Фредрика находились куски мозаики, края которой начали просматриваться. Но самых важных кусков все еще недоставало.

Он покинул развалины. Осмотрелся. Никого — ни на дороге, ни по соседству с ней. Фредрик Дрюм предпочитал по возможности скрывать свои передвижения во избежание новых неприятных сюрпризов.

Мертвые животные…

Он пробрался через кусты обратно к боковой стене. Вот они. Он посчитал: три кошки, две козы, собака, две курицы, один ягненок. Почему они валяются здесь? На свалку это место не похоже, не видно ни одной консервной банки, только эти трупы. Участок закрыт со всех сторон. Непохоже, чтобы сюда заходили без особой нужды.

Он перевернул носком ботинка труп собаки. Никаких видимых повреждений.

Какая-нибудь зараза?

Фредрик быстро направился к дороге, спускающейся к площади. Одиннадцать часов, пора подкрепиться.

Он прошел за церковью, минуя трактир, стараясь оставаться незамеченным.

Заглянул в продовольственную лавку. Здесь ему встретились только один старик и несколько женщин, пришедших за хлебом и капустой. Он купил свежий батон, банку сардин, фрукты, бутылку воды. Уложил покупки в полиэтиленовую сумку. И тем же путем проследовал обратно.

Возле раскопа помешкал, но тут же решительно зашагал дальше. Хотел проверить одну идею.

Проходя мимо клиники, старался не глядеть в ту сторону. Только не видеть портал, не видеть ступеньки, по которым шел, счастливый, вместе с Женевьевой, не видеть парк, цветы, деревья… В сердце словно вонзилась игла. Больно, ох как больно.

Дорога поднималась вверх к замку. Над сухой землей плыло жаркое марево, и он то и дело вытирал пот. Вскоре он увидел место для автостоянки, дальше машины не могли проехать. На стоянке было два легковых автомобиля — большой ребристый «лэнсиа», последняя модель, и «форд эскорт». «Форд эскорт»? Фредрик постоял, рассматривая машины. На ветровом стекле «эскорта» прочел надпись «Авис». Обозначение прокатной фирмы. У владельца замка, сокола, синьора Ромео Умбро гости? На «эскорте» был римский номерной знак.

Продолжая подниматься по серпантину, он примерно на полпути к замку остановился, высматривая подходящую боковую тропинку. Козы натоптали немало троп, и он выбрал такую, которая перерезала склон как раз над раскопом и развалинами монастыря. Облюбовал удобный пятачок под оливковым деревом, сел там, достал из сумки припасы и приступил к завтраку.

Отсюда открывался превосходный вид. Он видел Офанес будто с птичьего полета, видел все, что там перемещалось, мог пересчитать все дома. Но внимание Фредрика Дрюма было сосредоточено на древней части селения, на раскопанных археологами руинах.

Раскоп был поделен на квадраты, получился красивый геометрический узор. Видно, где когда-то стояли колонны. Судя по всему, тут был великолепный храм. Сразу за рядом колонн, от которых остались только цоколи, простиралась широкая площадка. Бывшая площадь, сцена? Фредрик отметил, если мысленно провести прямую через место, где стоял храм, она приводит к развалинам монастыря в двухстах метрах выше на склоне. Он заметил также, что архитектура гостиницы с другой стороны бугра повторяет конструкцию разрушенного здания.

Сидя под оливковым деревом, Фредрик ел сардины и вытирал масло с подбородка.

Вывод напрашивался: весь комплекс, включающий гостиницу, разрушенный монастырь и остатки храма, некогда составляли единое целое. Сверху было видно, как прочно были связаны между собой Античность и Средневековье.

Эмпедокл — эмпедесийские монахи. Вряд ли он ошибется, заключив, что таинственный целитель Хирон был основателем Офанеса, Umbilicus Telluris. Предание о Пресвятой Богородице с кровью Иисуса, о miraculi Virginae*, несомненно, было сочинено ловкими

---

* Чуде девы *(итал.)*.

проповедниками, сторонниками античной школы, чтобы оградить свою цитадель от христианского влияния. В учении Эмпедокла важнейшую роль играла кровь — sanguis. Никакой папа, никакая инквизиция не решились бы ополчиться против традиции, опирающейся на авторитет Девы Марии. Однако чтобы прикрыть языческий храм, пришлось построить монастырь, оставаясь верными в планировке и мыслях заветам Гекаты и Персефоны.

Хирон строил, потомки строили. Во имя чего? В чем заключалась всепоглощающая идея, вечная мудрость, с которой не желали проститься эти герметические проповедники?

На севере — Кротоне, с Пифагором и неопифагорейцами, развивавшими мистические учения. На юге — Сицилия, с Эмпедоклом, провозгласившим себя бессмертным божеством. Распад, соперничество, раздоры. Проходят столетия. Выживают сильнейшие, скрываются. Место встречи — Офанес.

И все так просто? *Возможно.*

Кто-то падал на землю, пораженный невидимой молнией. *«Мир есть вечное изменение, жизнь — мимолетное отражение этого мира».* Стоик Марк Аврелий.

Фредрик пил воду из бутылки маленькими глотками. Пока мысли вольно парили, глаза остановились на человеке, который сидел на ящике или на камне, среди виноградника возле раскопа. Просто сидел, делая что-то руками. Фредрик прищурился, чтобы лучше видеть, но не смог рассмотреть — что именно. Похоже, это женщина. Похоже, она плетет корзину для винограда.

Перас и *апейрон.* Сила противоположностей. Силовое поле, невидимое излучение души. Гармонии. Совершенство души в несовершенном теле. Геометрия. Неведомые свойства света. Призма, звезда, кристаллическая звезда, лазер. Как там сказано у пресловутого мистика Валентина Андрэ?

«Над раструбом тромбона вспыхнул огонь, и тут я увидел, как купол раскрылся и сверх пал дивный язык пламени, и через тромбон он проник в безжизненные тела. После чего купол сомкнулся, и тромбон исчез». Die Chymische Hochzeit Christiani Rosenkreuz.

Женщина внизу продолжала сидеть неподвижно, точно — женщина, видно по длинным волосам. Больше кругом ни души. «Женевьева, — подумал он вдруг, — *что если это Женевьева*!»

Ему стало не по себе, и он встал, спугнув сидевшую на ноге оранжевую бабочку. Какая там Женевьева. Она сейчас в Сент-Эмильоне, в окружении достойных кавалеров. Он ощутил в горле что-то вроде изжоги.

Три дня. Это длилось всего коротких дня...

Он передвинулся дальше в тень. Сбросил рубашку и лег на спину. Уставился вверх, на голубое небо, распоротое конденсационным следом от самолета. Прислушался, но звука не услышал.

«...Сказал Эрметика Хирон — таков шепот Смерти в наших сельских дионисиях. Синедрион есть Umbilicus Telluris, так Одеон во веки веков оберегает Гармонии...» Он помнил текст наизусть. Место сбора — пуп мира. Так Одеон оберегает. Гармонии во веки веков. Одеон — храм музыки.

Гармониум.

Одеон.

Невмы.

Музыка.

Врач Хирон. Врач Витолло Умбро. Небесные песнопения эмпедесийских сестер во время пасхальных и рождественских месс.

Фредрик резко поднялся на ноги. Не лежать же здесь бесконечно? Пора брать быка за рога. Или он так и будет валяться здесь в безопасности под оливковым деревом, где его никто не видит, будет трусливо прятаться вдали от узла загадок? Только не Фредрик Дрюм!

Замок на холме, Ромео Умбро? Или Витолло Умбро? Он решил начать со второго. Потом, если останется жив, займется дядюшкой.

Женщина на винограднике внизу исчезла.

Фредрик вышел на дорогу и решительно зашагал вниз. Не доходя до автостоянки, увидел, как навстречу медленно поднимается человек. Остановился. Женщина... Она несла в руках что-то завернутое в платок. Не та ли самая, что сидела среди виноградных лоз? Похоже.

Подняв глаза, женщина увидела Фредрика. Остановилась и попятилась. Их разделяло около десяти метров. Он отчетливо видел ее лицо — красивое. Молодая, ей явно не было и тридцати. «Джианна Умбро», — подумал Фредрик. Сестра Андреа, женщина, про которую Женевьева говорила, чтобы Фредрик остерегался ее, которая напугала Женевьеву.

Чудесное видение. Лицо чистое и невинное, как у рубенсовского херувима, большие карие глаза. «Прелесть, — сказал себе Фредрик. — Как можно было испугаться такого создания?»

Внизу на площади затарахтел мотор мопеда, гул раскатился по склону холма. Фредрик улыбнулся, приветственно поднял руку и зашагал навстречу незнакомке.

Она не откликнулась на его приветствие. Даже когда он, весело сказав «добрый день!», остановился возле нее, она не открыла рот и не стронулась с места. Только устремила на него глубокие колодцы на таком прекрасном лице, что сам Боккаччо пал бы перед ней на колени.

Фредрик не пал на колени. Вместо этого сказал, переступая с ноги на ногу:

— Джианна Умбро?

Внезапно женщина ожила, поспешно перекрестилась и затрусила вверх по дороге. Вот исчезла за поворотом. Фредрик покачал головой. Бедняжка, похоже, он испугал ее, он — этот страшный большой Фредрик Дрюм из Норвегии, который, само собой, нагонял страх на всех женщин на своем пути. Только естественно, иначе и быть не могло.

Но зачем креститься? Он ведь не призрак. Во всяком случае, пока.

Дойдя до автостоянки, он снова остановился. Долго изучал следы от колес на сухом гравии. «Лэнсиа» явно частенько приезжала и уезжала. Зато «эскорт» с римскими номерами давно не трогался с места. Это сколько же денег надо иметь, чтобы так долго держать машину, взятую напрокат?

Он долго мешкал, прежде чем пройти через портал перед клиникой. В конце концов поборол сентиментальные переживания и побрел к дому.

В парке был только один человек — пожилой мужчина сидел на скамейке возле фонтанчика, глядя в пустоту. Должно быть, пациент.

Фредрик поднялся на крыльцо главного здания, вошел внутрь.

В вестибюле было пусто. Из скрытых динамиков струились мягкие звуки. Моцарт, концерт № 21 для фортепиано с оркестром, подобный каплям брызг над освещенным солнцем водопадом. Фредрик осмотрелся, увидел на одной из дверей крупные буквы UFFICIO — канцелярия. Он постучался, женский голос предложил войти.

За конторкой сидела пожилая женщина в серо-зеленом костюме. Вдоль стен стояли полки с книгами и папками. Женщина вопросительно посмотрела на Фредрика.

— Чем могу быть вам полезна? — сухо осведомилась она.

— Э-э... гм... — Фредрик прокашлялся. — Я хотел бы поговорить с доктором Витолло Умбро. Меня зовут Фредрик Дрюм, мы знакомы с ним, уже встречались.

— Поговорить сейчас, немедленно?

— Если можно, синьора. — Фредрик старался говорить твердо.

— Но, синьор, это невозможно. Вам не назначено. Доктор занят, три пациента принимают важную процедуру. Освободится только через несколько часов. — Она любезно улыбнулась.

— Вот как, — нерешительно произнес Фредрик. Тут же его осенило: — А как насчет доктора Тигателли, он тоже занят?

Секретарша покачала головой:

— Тигателли свободен до двух часов. Желаете говорить с ним?

Фредрик энергично кивнул.

Две минуты спустя он сидел с чашкой дымящегося кофе в светлой комнате на втором этаже, обозревая тщедушную фигуру синьора Тигателли, который сидел на диване у окна. Помощник Умбро поинтересовался, чем обязан неожиданному визиту. Его глаза под морщинистым лбом смотрели пристально и пытливо.

Фредрик представился. Объяснил, что приехал в Офанес с поручением от Римского университета. Речь идет о дешифровке некоторых древних текстов. Ему необходимо кое-что выяснить для успешной работы, он нуждается в помощи здешних жителей.

Доктор Тигателли кивнул:

— Валяйте, спрашивайте. Правда, я не местный уроженец, но живу здесь уже не один год. Мы с доктором Умбро приехали одновременно.

— Когда?

— Двенадцать лет назад, когда Витолло наконец рассчитался по всем обязательствам и вступил во владение этой усадьбой. Вырвался из когтей сокола! — Тигателли глухо рассмеялся. — Но вряд ли это как-то связано с тем, что вы хотели бы узнать.

— Не скажите, — отозвался Фредрик. — Вы не могли бы вкратце рассказать, как складывалась жизнь доктора Витолло, и что послужило причиной конфликта с дядюшкой, Иль Фалько?

— Я думал, ваша область — археология? — Тигатели снова наморщил лоб. — А впрочем, пожалуйста. Вряд ли тут есть какие-то секреты.

Он добавил кофе Фредрику и себе.

— Отец Витолло, Пьетро Умбро, был чрезвычайно одаренным музыкантом. К сожалению, он умер, когда ему только исполнилось двадцать лет, притом ранняя женитьба восстановила против него родных, к тому же он был лишен наследства. Младший брат, Ромео, вступил во владение замком и землями. Почему-то музыка исстари действовала на семейство Умбро, как на быка красная тряпка. И когда юный Пьетро решил посвятить себя музыке, он, как говорится, уперся в глухую стену. Ему было предложено на выбор — либо музыка, либо наследство. Пьетро выбрал музыку и до конца своих дней успел сочинить две дивные симфонии. Жил он недалеко от Генуи, на родине жены. Витолло родился уже после смерти отца. Вырос в Генуе, получил отличное образование, уехал в США, позднее оттуда во Францию. Он тоже страстно увлекался музыкой, однако получил медицинское образование. Все время мечтал о том, что нашло свое воплощение здесь. — Тигателли взмахнул рукой. — После повторных долгих судебных процессов Витолло добился справедливости, получил свою часть наследства. Ему это далось нелегко, дядюшка осыпал его страшными угрозами, но ничего — Витолло устоял. Последний в ряду многих эпизодов долгого поединка — когда дядюшка установил на склоне сразу за клиникой чудовищный насос. Мотор тарахтел так, что ни о какой музыкальной терапии не могло быть речи. Витолло просто взял да взорвал это сооружение, после чего послал дядюшке чек и предложил установить насос с электрическим мотором. С той поры как будто воцарился мир.

Фредрик кивнул, осмысливая услышанное. Поднеся к губам чашку с кофе, спросил:

— У Ромео Умбро ведь есть дочь — Джианна. А где ее мать?

— Вы уверены, что не сбиваетесь с археологии на генеалогию? — Худощавый доктор иронически улыбнулся. — Но у вас, должно быть, есть причины интересоваться этими вопросами... Джианна Умбро, бедняжка. Красива, как небесное видение, поистине эфирное создание, но, к сожалению, глухонемая. Ее мать умерла при родах. Джианна выросла в замке, под защитой крыльев Иль Фалько. Витолло много раз предлагал заняться ее лечением, он не сомневается, что добьется успеха, если вначале ее оперировать. Ромео Умбро отказывает наотрез.

— Глухонемая, — пробормотал Фредрик. — Даже музыки не слышит.

Доктор Тигателли поднял брови.

— Конечно, не слышит. Той музыки, какую знаете *вы*. Но есть разные виды музыки. И мы твердо уверены, что ее можно вылечить. — Он поглядел на часы. — Я скоро буду вынужден покинуть вас. Но, если вы придете вечером, сможете увидеть доктора Витолло.

Фредрик встал. Мысленно проклял часы и всех тех, кто должен им подчиняться. Главные вопросы еще не были заданы.

— Только одно напоследок, — сказал он. — Вам известно что-нибудь о какой-то краже, которая была совершена здесь в Офанесе? Кажется, этот как-то связано с раскопками?

— Кража?! — В глазах Тигателли сверкнул гнев. — Я знаю только про одну кражу. Злодейский, мерзкий поступок... Полгода назад был украден самый любимый музыкальный инструмент доктора Витолло, силот, настоящий силот из козьего рога и бронзы. Он хранился в запертом шкафу, им почти никогда не пользовались, хранили как драгоценнейший древний экспонат, все археологи приходили полюбоваться им. Теперь у нас осталась только примитивная копия, из которой почти невозможно извлечь какие-либо звуки.

Фредрик вспомнил, что Женевьева показывала ему диковинные инструменты, один из которых назвала силотом.

— Силот? — переспросил он Тигателли.

— Да-да, настоящий силот, — ответил тот, открывая дверь и пропуская вперед Фредрика. — Или *силотиан*, как его еще называют.

9

Фредрик Дрюм наслаждается вином «Калабриа Кастелло Умбро» 1983, знакомится с Вергилием и Овидием, и его чих оценивается в семь баллов по шкале Рихтера

Время ленча в трактире синьора Ратти подходило к концу, и посетители постепенно расходились. Фредрик Дрюм стоял в тени у церкви. Он проголодался. И как ни странно, был бы не прочь выпить бутылочку хорошего вина.

Дождавшись, когда кафе совсем опустело, он живо пересек площадь и сел в углу под зонтом от солнца. Здесь он был в какой-то мере скрыт от любопытных глаз. Синьор Ратти наморщил лоб, вытер руки висящим на плече полотенцем и медленно подошел к столику Фредрика.

— Giorno, Бахус Ратти, — с веселой улыбкой поздоровался Фредрик. — Мой желудок истосковался по вашей дивной лапше с мясом и томатным соусом и хорошему вину — очень хорошему вину из вашего замечательного погреба.

— Вам желательно получить *хорошее* вино? — Трактирщик странно поглядел на Фредрика.

— Вот именно. Разрешите последовать за вами в святая святых? — Фредрик поднялся со стула.

Они спустились в погреб, здесь Ратти сказал, взмахнул руками:

— Ну, вы сами знаете, Италия не сравнится с Францией, бургундское и все такое прочее...

Он неуверенно осмотрелся, наклонился к Фредрику и чуть не шепотом продолжал:

— Правда, что вы один из лучших в Норвегии знатоков вин, что вам присвоен титул Grand Connaisseur du Vin? Французская сеньорита рассказывала... — Он снова остановился, словно опасаясь, что его слова рассердят Фредрика.

— Дорогой синьор Ратти, — Фредрик похлопал смущенного трактирщика по плечу, — многие ваши местные вина ни в чем не уступают французским. И то, что вы предложили мне в последний раз, — вино самого высшего качества. Оно запомнится мне надолго.

— Вы в самом деле так считаете? — Лицо синьора Ратти смягчилось, и он расплылся в широкой улыбке. — *В самом деле*, синьор Дрюм?

Он вдруг совершенно преобразился и доверительно сообщил, глотая слова, что у него, ничтожного владельца кафе в забытом богом селении, есть великое увлечение — хорошие вина. Что однажды, три года назад, ему присвоили звание МВК — мастера вин Калабрии. И теперь он, насколько это возможно, старается закупать для коллекции лучшие итальянские вина, чтобы дети его могли узнать, что такое истинно хорошие, выдержанные вина.

— Вот что, синьор Дрюм. — Трактирщик покаянно опустил глаза. — Простите, но я неверно судил о вас.

Думал, что вы один из этих надутых снобов, для которых вина других стран — только повод превозносить французские марки. Которые насмехаются над жемчужинами здешнего производства. Но теперь я вижу, что вы настоящий знаток.

Он протянул Фредрику руку, и тот крепко пожал ее в знак дружбы. Затем Ратти повел его вдоль стеллажей, подробно рассказывая про местные вина, сорта винограда, сроки выдержки и так далее. Взял одну бутылку и протянул ее Фредрику:

— Вот, советую. Иль Фалько, когда хочет, способен изготовить по-настоящему хорошее вино.

Фредрик посмотрел на наклейку. Действительно: «Калабриа Кастелло Умбро» 1983. Он кивнул, улыбаясь:

— Беру.

Ему подали лапшу, сыр пармезан, оливки и хлеб. Наливая вино, синьор Ратти низко поклонился и подмигнул Фредрику. Вино было кирпичного цвета, запахом напоминало перезрелые фиги, на вкус — крепкое и терпкое. Фредрик долго смаковал его, прежде чем проглотить. Букет насыщенный и стойкий. Приятные ароматы проникли в пазухи и вызвали трепет в кончиках пальцев.

— Превосходно, — заключил Фредрик. — Кто бы подумал, что Ромео Умбро способен на такие чудеса.

— Ну, по правде говоря, это даже не его заслуга, — сказал Ратти. — За виноделие у него отвечает маэстро Мельхиори. Сокол больше интересуется деньгами. Приятного аппетита, синьор, заведение угощает.

Фредрик стал было возражать, но трактирщик красноречивыми жестами отмел его возражения и удалился, чтобы не мешать клиенту.

Фредрик ел медленно и долго. Наслаждался каждым глотком вина, что не мешало ему внимательно следить за тем, что происходит на площади и на дороге, ведущей к замку. Он не сомневался, что кто-то где-то готовился нанести очередной удар, чтобы добить Фредрика Дрюма.

Шел пятый час. Фредрик отдыхал на кровати в своем номере. Кругом были разложены его записи.

Силот — силотиан. Послание священного Силотиана.

Музыкальный инструмент. Ему следовало давно догадаться. И не только об этом. Тем не менее он не видел логической связи.

Мальчики разоблачили вора? Нашли инструмент, украденный у Витолло Умбро? Это его они нашли в раскопе? Но отец одного из них, синьор Пугги, сказал, что они сами копали без присмотра? Вряд ли вор стал бы зарывать в землю старое, античное изделие? А синьор Лоппо, сторож? *Что обрекло на смерть всех троих?*

Зачем понадобилось убирать профессора д'Анджело?

А сам он, Фредрик Дрюм? Почему кто-то усматривает в нем угрозу для себя?

Ответ напрашивался: только он мог расшифровать «Кодекс Офанес». К сожалению, сказал себе Фредрик, загадочный текст пока не поддается расшифровке. Вся надежда на то, что один органист далеко на севере Европы сможет что-то подсказать.

Он собрал свои записи. Пришло время сделать следующий шаг — в гнездо сокола. Посмотреть — так ли страшны его когти и клюв.

Он выпил залпом три стакана воды и вышел из номера, приняв кое-какие хитроумные меры предосторожности. Теперь будет несложно разоблачить незваных гостей, расставляющих смертельные ловушки.

В пустом вестибюле он на миг замешкался. Прислушался — откуда-то доносились голоса. Фредрик окаменел: *что это за голос?* Тут же воцарилась тишина. Неужели ошибся? Он тряхнул головой и нарочно повесил ключ от своего номера не на тот гвоздь. На место, отведенное его ключу, повесил другой. И решительно вышел на солнце.

Сейчас дорога на склоне холма очутилась в тени, и подниматься по крутому серпантину было не так трудно. Фредрик сказал себе, что довольно непрактично жить в замке на вершине холма.

Сверху открывался замечательный вид. Сколько хватало глаз — виноградники и оливковые рощи. До самого горизонта простиралось зеленое гладкое Ионическое море. Вдали от берега покачивалось несколько суденышек. Предки Иль Фалько обосновались на господствующей высоте...

Еще один поворот, и Фредрик очутился перед воротами усадьбы. Точнее, перед тем, что осталось от обрамленных двумя башнями ворот — часть кладки обрушилась. Любой мог войти внутрь без помех. Входить?

Он колебался. На вершине одной башни развевался красно-зелено-черный вымпел. Возле другой башни на стене и на сей раз сушилось белье. Он видел рубашки, трусы, простыни, полотенца. И какую-то женщину, которая вдруг возникла наверху. Она... Красавица глухонемая Джианна. Она стояла неподвижно и смотрела на него.

Фредрик весело помахал ей рукой и с невозмутимым видом вошел, насвистывая, через ворота. В ту же минуту поднялся страшный шум, два пса, отделившись от теней у большого кирпичного здания, ринулись на него, разинув покрытые пеной клыкастые пасти. Он поспешно отступил на несколько шагов, но один пес отрезал ему отступление, и вместе они загнали его в угол рядом с воротами. Тощие злые овчарки в строгих ошейниках так и норовили вцепиться ему в горло. Одна из них распорола брючину. Налитые кровью глаза обоих псов не сулили ничего доброго.

— Собачка, собачка, — просипел Фредрик; во рту у него пересохло, как если бы туда напихали бересты. — Хорошая собачка.

Он поднял руки над головой, чтобы псы не могли оторвать их. Овчарки захлебывались лаем. *Где же хозяин?*

Внезапно он заметил уголком глаза приближающийся слева силуэт. Осторожно повернул голову — прямо на него смотрела двустволка. Выше ружья чернела большая шляпа, под шляпой он разглядел лицо Ромео Умбро. Владелец замка тоже оскалил зубы, но его оскал скорее изображал улыбку.

Фредрик улыбнулся в ответ.

— Cave canem...* Вы бы повесили доску с предосте... — Он не успел договорить, один пес прыгнул на него и ударил передними лапами в грудь с такой силой, что у Фредрика перехватило дыхание.

---

* Злая собака *(итал.)*.

— Вергилий! Овидий! Sufficiente! Назад, место! — Команда была отдана негромким спокойным голосом.

Псы с ворчанием отступили.

— Такая встреча ждет каждого, кто приходит без приглашения, синьор Дрюм. Вы рассчитывали на иное? — Ружье по-прежнему было нацелено на Фредрика.

— Пришел с приветом и умер без ответа перед входом, — поспешно сымпровизировал он, надеясь, что это звучит не слишком глупо по-итальянски.

Иль Фалько опустил ружье, однако тут же вскинул его, и раздался громкий выстрел. Фредрик ощутил запах пороха и увидел, как что-то черное упало сверху на землю в пяти метрах от него. Ворона, мертвая, из клюва струилась кровь...

— Спой, ворона, а ворона в ответ, не могу я петь с полным ртом, — пропел Фредрик, прижимаясь к стене.

— Ионеско, если не ошибаюсь? Стало быть, вы читали Эжена Ионеско... — Ромео Умбро переломил ружье, к ногам Фредрика покатилась пустая гильза.

— Рыло моллюска на илистом дне, — продолжал Фредрик, сознавая, что только абсурд может спасти положение.

— Поэзия, да? Замороженный норвежский желудочный сок. Пяти лир не дам за это дерьмо. Энрико Ибсену следовало бы остаться в Италии. Глядишь, и научился бы чему-нибудь. Болваны, все вы болваны! — Он снял шляпу и помахал ею, отгоняя мух.

Потом подошел к вороне и пинком отправил ее к стене.

— Знает тот, кто путно летает. — Фредрик отважился сделать два шага.

Синьор Умбро внимательно смотрел на Фредрика, и взгляд его был отнюдь не враждебным, скорее, оценивающим. Наконец он почесал затылок и надел шляпу.

— Ты приглашен, — сказал он вдруг, повернулся кругом и жестом показал, чтобы Фредрик следовал за ним.

Они пересекли двор, направляясь к большому, явно только что отреставрированному зданию. На ходу Фредрик озирался — не притаились где-нибудь в тени Овидий и Вергилий, но ничего опасного не обнаружил. По широкой мраморной лестнице они поднялись к массивной двери из кедровых досок. Разумеется, по обе стороны лестницы красовались два сокола из зеленого мрамора.

В большом темном вестибюле пахло воском для натирки пола и камфарным маслом. Синьор Умбро поставил ружье в пирамиду, рядом с другими видами огнестрельного оружия. После чего открыл дверь в стене и кивком пригласил Фредрика войти. В этом помещении, с дубовыми панелями и старинной кожаной мебелью, тоже было темно. Стены были увешаны чучелами, головами животных с рогами и без рогов. Зебры, львы, кабаны... Самая большая голова, над камином, принадлежала носорогу.

— А вы немало постреляли, — с уважением произнес Фредрик.

— Болван. Придерживайся лучше абсурда. Это трофеи моего деда. С меня довольно ворон. — Ромео Умбро бросил в камин несколько поленьев, облил их керосином и поджег.

«Уютная обстановка для беседы», — подумал Фредрик, садясь в кресло, на которое указал ему владелец замка. *«Скоро детский час, скоро детский час начинается для нас...»* — мысленно пропел он, не желая без нужды вслух козырять знанием Эжена Ионеско.

Умбро вышел, но тут же появился снова, неся бутылку с прозрачной влагой и два стаканчика. Широким жестом поставил их на стол перед Фредриком, налил и властно провозгласил тост за здоровье гостя. Фредрик опрокинул стаканчик и почувствовал, как крепкое спиртное обжигает пищевод. С великим трудом удержался от чиха, но из глаз брызнули слезы.

— Начинаем оттаивать после тундровых морозов? — Умбро сощурился. — Что ж, послушаем, чего угодно синьору Бакалавру, и пусть растают полярные шапки, если и на сей раз речь пойдет о сватовстве, хватит с нас *одного* паршивого песца.

— Сватовстве? — Фредрик лихорадочно соображал, с чего начать толковый диалог.

— Ха! Все вы бабники с льдом вместо сердца и кашей в мозгу, а думаете, что в вашей власти покорить весь мир историческими бреднями и знахарством. — Он наполнил стаканчики и заставил Фредрика выпить еще.

«Спокойно, Фредрик, спокойно, не давай себя завести, оставим брань на поверхности и углубимся в суть. Поехали!»

— Когда ты в прошлый раз обрушил на меня потоки брани, — Фредрик не видел больше причин обращаться к Умбро на «вы», — то говорил про какие-то ответы, которыми располагаешь. Что ты подразумевал? И как понимать твои слова: «что ты надеешься узнать — фантазия, плод больного рассудка»? Что, по-твоему, ложно в моих знаниях, синьор Умбро? Уж не боишься ли ты «арктических жаб» вроде меня?

Он затаил дыхание.

Владелец замка смотрел на него с прищуром. Губы его чуть скривились в не совсем приветливой улыбке.

— Есть у меня ответ, — прошипел он. — Прекраснейшее из двуногих созданий Господа Бога. Посмей только приблизиться больше, чем на три метра, получишь заряд дроби.

Внезапно Ромео Умбро потер руки, и лицо его малость подобрело.

— Но ты, похоже, не таков, в твоих глазах нет фальши и тщеславия. Правда, ты думаешь, будто много знаешь. Ты ровным счетом ничего не знаешь. Сожалею, если испугал тебя. Думаю, у меня есть что показать тебе. Пошли! — Умбро резко поднялся на ноги.

Фредрик последовал за ним. Спиртное ударило в голову и слегка затуманило рассудок. Они прошли через несколько комнат, каждая из которых могла бы снабдить не один музей редчайшими экспонатами. Недаром хозяин родился в таком месте и унаследовал многое, чем славилась античность.

Несколько ступенек привело их в комнату, расположенную ниже других помещений. В одной стене были большие окна, широкая дверь вела в цветущий сад с фонтанами. Остальные три стены были снизу до потолка заняты книжными полками. Посреди комнаты стояли письменный стол и два кожаных кресла. Наверное, здесь были десятки тысяч книг.

— Вот, синьор Дрюм. — Ромео Умбро взмахнул руками, глаза его горели. — Тут собраны всевозможные знания. Книги, подобных которым не видел мир! О существовании которых мир не подозревает. Книги, написанные кровоточащими сердцами, мятущимися душами, овеянные божественным дыханием. То, что ты, по-твоему, знаешь, — ложь. Истина здесь.

Фредрик благоговейно приблизился к одной полке. Большинство книг побурело от возраста; он сказал себе, что эта библиотека, должно быть, одна из величайших сокровищниц Италии. Он вытащил наугад одну книгу. Лудовико Ариосто — «Неистовый Роланд», Генуя, 1635 год.

— Смотри-ка, — рассмеялся Ромео Умбро. — Не самую плохую нашел. А известно ли тебе, что Ариосто написал также цикл стихотворений об этрусских богах? Малоизвестное сочинение, но у меня есть эта книга.

Встав на скамеечку, Умбро достал томик с одной из верхних полок. Осторожно положил книгу на стол и открыл титульный лист. Старый кожаный переплет скрипел, и Фредрик с удивлением увидел, что книга не печатная, а написана от руки красивым изящным почерком.

— «Cantata Dei Immortabilis», — прочел Умбро. — Написана в тысяча девятьсот девяносто шестом году, когда Ариосто было двадцать два года.

Он бережно вернул книгу на место.

— Может быть, углубимся еще дальше в прошлое? — продолжал он. — Вот Гвидо Гвиницелли, предшественник Данте и основоположник нового стиля — la dolce stile nuovo, Франциск Ассизский — «Кантика брата Солнца» или «Похвала творению»... Рядом — великий Якопоне да Тоди, представитель гениального литературного течения sacre rappe sentazioni, или «священные игры». Вот эта игра, например, не известна ни одному литературоведу. — Он вытащил еще одну потертую книгу — Ermetismo igno. — Кем, по-твоему, были бы такие современные поэты, как Монтале, Унгаретти и Саба, без Якопоне да Тоди, а?

Фредрик покачал головой, признавая свое неведение. Большинство названных имен было ему неизвестно, но он понимал страстное увлечение владельца замка. Наверное, сам он мог бы не один год провести в этой комнате с ее книгами, не ощущая никаких других потребностей.

Литература... Фредрик пришел не за тем, чтобы выслушать лекцию об итальянской классике. Все же он терпеливо продолжал рассматривать уникальные издания. Данте, Петрарка, Боккаччо... Слушал, как Ромео Умбро превозносит иллюстрированное издание «Освобожденного Иерусалима» великого поэта эпохи Ренессанса — Торквато Тассо. И как поносит более современных авторов — Джорджио Бассани, Лампедузу, Папини, Арденго Соффици, особенно же — футуриста Маринетти.

— Ионеско, — вставил Фредрик. — А Эжен Ионеско тебе нравится?

Ромео Умбро грубо рассмеялся:

— Болван. Ионеско — это ты, когда несешь чушь. Это я, когда перестаю соображать. Ионеско — воплощение безумия, политического безумия, он кутается в леволиберальный плащ, чтобы казаться серьезным. Он глуп.

— Вот как, — пробормотал Фредрик, ломая голову над тем, как приступить к интересующему его вопросу. Во всяком случае, было похоже, что владелец замка проникся к нему доверием. — Но откуда у тебя все эти сокровища, семейство Умбро копило их веками?

— Si, si, — сухо усмехнулся Умбро. — Однако большинством книг мы обязаны Гарибальди. Это его дар. Когда в тысяча восемьсот шестидесятом году Гарибальди прибыл на Сицилию, а затем и на материк, мой прадед Октавио Умбро выступил на его стороне. Он был ярый гарибальдист. Этих чумных крыс, монахов, изгнали из здешнего монастыря, и моему прадеду досталась монастырская библиотека. За исключением...

Он остановился, сверкая глазами.

— За исключением?

— Музыкальных сочинений. Которыми гордился этот проклятый монастырь. Мой прадед сжег их, чтобы потомкам была наука. *У меня здесь нет ни одной книги о музыке.* И не будет! — Он ударил кулаком по столу с такой силой, что окна зазвенели.

— Понятно, — произнес Фредрик. — Стало быть, музыка — уязвимое место. Вот почему твой брат...

— Заткнись, арктическая жаба! Не хочу слышать даже имени этого предателя и его мерзавца сына. Когда-нибудь я надену ему на голову арфу и натяну струны на шее с такой силой, что он запоет тоненько-тоненько, чтобы чертям стало тошно в аду. Если он не желает выращивать оливки и виноград, как это делало семь столетий наше семейство, то не заслуживает носить фамилию Умбро. Он такой же позор для семейства, каким был его отец, этот предатель! — Ромео Умбро подошел к стеклянной двери и распахнул ее.

— Монастырь, — тихо заговорил Фредрик, мысленно прикидывая, где проходит граница терпения хозяина, — монастырь... Я верно понимаю, что монахи не занимались виноградарством, не выращивали оливки, были только все века заняты этой дурацкой музыкой?

Умбро прищурился, глядя на Фредрика.

— Вот именно, — ответил он. — Конфликт между монастырем и семейством Умбро начался в тринадцатом веке, когда мои предки поселились здесь. С конца прошлого века и почти до наших дней здесь все было тихо-мирно, я отдал мою старшую дочь в жены синьору Гаррофоли с условием, что он устроит гостиницу в одном из старых монастырских зданий, чтобы раз и навсегда было покончено со всякой средневековой мистикой. Но Гаррофоли — дурак, а Андреа заразилась атмосферой этого здания, только и знает, что твердить идиотские изречения. Небось и сам заметил — очень там похоже на современную гостиницу?

— Да уж, — согласился Фредрик.

— А тут еще мой племянник, этот недоумок с его бредовыми идеями, оттягал себе часть земли и построек. Для чего, спрашивается — для больницы! После чего из Рима является шайка придурков и экспроприирует участок, на котором принимается искать древние свитки. Участок, где были лучшие виноградники! В довершение всего несколько кикимор вбивают себе в голову безумную идею, будто они призваны продолжать дело эмпедесийских монахов, и учреждают женский монастырь за этим холмом. Чем все это кончится, черт возьми! Скоро не останется ни одной виноградной лозы и ни одного оливкового дерева. А тут еще являетесь сюда вы из ледяной пустыни на севере и беспардонно вмешиваетесь в наши дела!

Синьор Умбро так разошелся, что Фредрик посчитал за лучшее не возражать. Через распахнутую дверь он вышел в роскошный сад. Хозяин последовал, чертыхаясь, за ним.

— Красиво, — сказал Фредрик. — Сильные запахи.

— Болван, — отозвался Умбро. — Что ты знаешь о запахах? Небось даже не читал «Trattato sulla Quintessenza» Иоанна Рупесцисса. Мы выращиваем здесь травы по его методу и поставляем их в аптеки по всей Италии. Думаешь, держим сад только для красоты? Вот, понюхай.

Умбро сорвал несколько листьев какого-то растения на грядке у стены дома. Запах напоминал кошачью мочу.

— Эта трава называется философский чертогон. Положи два листика в чай твоему товарищу, и клянусь — он примется цитировать Библию задом-наперед, пока глаза не выскочат из орбит и сам он не свалится без памяти. — Умбро жестко рассмеялся.

— Выходит, тут много ядовитых растений? — небрежно осведомился Фредрик; думая о жаровне и парализующем запахе, который едва не убил его. — Хорошо зарабатываешь?

Умбро потер руки:

— Еще как хорошо. Для чего иначе, по-твоему, стал бы я их выращивать? Чтобы травить людей? — Он мрачно поглядел на Фредрика.

Фредрик прошел через весь сад к широкой каменной стене, возвышающейся над задним склоном холма. Склон был довольно крутой, но вдали он видел дома, поля и оливковые рощи. Остановил взгляд на большом сером здании у подножия склона.

— Эмпедесийские сестры? — спросил он, показывая туда.

Ромео Умбро фыркнул:

— Заняли старую школу. Через год их там не будет, уж я позабочусь о том, чтобы убрались отсюда в преисподнюю, где им самое место. Пошли обратно, болван!

Он подтолкнул Фредрика в спину.

— Не знаю даже… — Фредрик поглядел на часы. — Мне надо бы…

— Что тебе *надо бы*? Только что пришел, можно сказать, и еще ни словом не упомянул, что у нас здесь вынюхиваешь. Шагай, сейчас будем пить, пока не потекут слезы и сопли!

Умбро затащил Фредрика обратно в дом.

Возражать было бесполезно. Бурный темперамент Ромео Умбро грозил вредными для здоровья гостя последствиями. Впрочем, в обществе хозяина замка Фредрик чувствовал себя в относительной безопасности. Перед ним явно был не убийца. Человек эксцентричный, чтобы не сказать — с сумасшедшинкой, помешанный на классической литературе, почитающий виноградарство и выращивание оливок святым делом, — это так. Фредрика беспокоило другое: он не видел, как выжать из Умбро сведения, которые могли бы пролить свет на волнующую его проблему, без риска подвергнуться жестокой кулачной расправе.

Повелительный жест указал ему на прежнее кресло. В камине прибавилось поленьев, стаканчики были наполнены доверху. И только после второго стакана возобновилась беседа.

— Гостиница твоего зятя не очень преуспевает? — отважился Фредрик на первый ход.

— Ишь ты! С каких это пор дурней вроде тебя интересует гостиничный бизнес, а? — Умбро презрительно посмотрел на Фредрика, вновь наполняя стаканчики. — Ближе к делу, северный уж, что ты тут вынюхиваешь? Чем, по-твоему, располагает папочка Умбро, чего недостает тебе? Может, нуждаешься в помощи, чтобы решить одну проблему, связанную с раскопками? Чтобы ускорить разорение, так? Пей и подумай хорошенько, прежде чем отвечать.

Фредрик пригубил, но зловещее ворчание хозяина заставило его выпить до дна. Это привело к подлинному взрыву: на Фредрика Дрюма напал чих, он чихнул четырнадцать раз подряд, да так, что пламя в камине заколыхалось и Иль Фалько отпрянул назад вместе с креслом.

— Семь баллов по шкале Рихтера, недурно, — пробурчал Умбро.

Фредрик вытер слезы и пристыженно покачал головой. Такого приступа не бывало у него с тех пор, как Тоб добавил анис в имбирный соус.

— Это у нас в семье такой изъян, — виновато произнес он. — Плохо переносим крепкую водку. Особенно, когда…

— Пей, черт бы тебя побрал, избавляйся раз навсегда от наследственного порока! Ну-ка. Чокнемся, рыбный паштет!

И стаканчик Фредрика снова наполнился водкой. Он покорился.

Мысли начали путаться. Есть ответ, говорил Ромео Умбро, прекраснейшее из двуногих созданий Господа Бога. Женевьева Бриссо? Нет, не Женевьева Бриссо.

Джианна Умбро.

— Сегодня, — начал Фредрик, с трудом выговаривая слова, — сегодня днем я пил одно вино. Сказочное вино. Из твоего винограда, синьор Умбро. Ты сохраняешь традицию, которая не должна быть утрачена, и я понимаю твои тревоги. Я первый надел бы траур, если бы пострадали твои виноградники. Уверен, этого не будет, но я думаю...

Он остановился.

— Убийство, — через силу выговорил Фредрик и запнулся.

— Убийство? — Умбро откинулся в кресле, смеясь.

— Убийство, — повторил Фредрик. — Четыре убийства. Я сам чудом спасся.

Алкоголь делал свое, головы зверей на стенах качались и кивали у него перед глазами. Он несколько раз моргнул.

— Вот как, убийства... Ты не про этих ли двух сорванцов, которых прикончил тепловой удар? Или про синьора Лоппо с его слабым сердечком, а? Или про этого фанфарона — профессора, который получил по заслугам там в Риме? Ты *в самом деле* такой болван? — Умбро грохнул по столу кулаком, так что стаканы подпрыгнули.

— Il poliziotto Нурагус — пустое место, паршивый ленивый кот. — Образные обороны речи хозяина замка заразили Фредрика. — Он нику-ку-кудышный ита-та-тальянский выпи-пи-пивоха.

Фредрик вдруг стал заикаться.

Умбро привстал, протянул было руки вперед, собираясь схватить его за ворот рубашки, но сдержался. Еще раз наполнил стаканы. Фредрик выпил, не дожидаясь приглашения.

— Синьор Нурагус, — прошипел Умбро, — получает от меня по пачке лир ежемесячно, чтобы поддерживать порядок в Офанесе на *мой* лад. Никакого шума, никаких скандалов, никаких беспорядков — понял, наглая полярная вошь! Стоит мне сказать словечко кому следует, и тебя живо упекут в кутузку за клевету!

— Эх ты, неистовый Роланд, дьявол в замке! Проклятый коррумпированный итальянский пе-петушок! Подожди, вот попадешь в чистилище, та-там тебя давно ждут с но-ножами и раскаленными щи-щипцами! — Фредрик совершенно позабыл о правилах приличия; комната раскачивалась у него перед глазами, он видел по меньшей мере три камина и заикался сильнее прежнего.

Ромео Умбро откинулся назад и расхохотался. Закончив смеяться, уставился на Фредрика.

— Т-твое место и ме-место твоих паршивых псов — в Сре-средневековье. То же самое ска-сказал бы я про весь этот Офа-фанес. Наливай, жалкий свистун! — Фредрик протянул ему свой пустой стакан.

Умбро взял бутылку и закупорил; дескать, хватит на сегодня.

— Убийства, — тихо сказал он. — Чушь собачья.

— Э-эжен Ионеско, — выговорил Фредрик, пытаясь встать. — Пойду-ка я к своим мо-монахам и лягу, пусть эта Эм-эмпедоклова шайка растерзает меня. Чтобы ты и этот пу-пузан Нурагус пере-пересчитывали лиры и надеялись на мягкую кару в аду. Спа-пасибо за водочку, ворона ты ощипанная.

Он заковылял к двери.

— Синьор Дрюм? — Умбро поднялся с кресла, и голос его звучал уже не так агрессивно. — Постой, я провожу тебя до ворот.

Он помог Фредрику спуститься с крыльца, провел его через двор. Уже стемнело. В воротах Фредрик остановился, опираясь рукой о каменную стену.

— Н-не вижу пу-пути, как сказал Гарибальди, когда прибыл на материк с Сицилии. Мне идти прямо, к обрыву?

— Иди медленно и ступай осторожно, тогда с тобой ничего не случится. Но, синьор Дрюм… — Умбро замялся. — Мы могли бы… встретиться завтра утром за ленчем в кафе синьора Ратти и обсудить твои странные подозрения, а? Я и сам еще не во всем разобрался, а эта чертова история с Джианной… — Он говорил совсем тихо.

— Во-вот именно, соколик. Завтра встретимся за ле-ленчем! Buona notte! — Фредрик помахал рукой и побрел по дороге.

Отмерив в ночи десять шагов, он остановился. Посмотрел назад. Проводил взглядом удаляющегося Умбро. «Порядок», — сказал он себе, нисколько не заикаясь.

Притворялся? Отчасти. Пожалуй, даже перестарался, изображая сильное опьянение. Однако и совсем трезвым его не назовешь… Как бы то ни было, он не шатался и мог говорить нормально. О том, чтобы возвращаться по этой дороге, не могло быть и речи. Кто-нибудь поджидает его внизу…

Он постоял, соображая, как быть. Как, минуя дорогу, спуститься в такой темноте? Вернулся к воротам. Прошел по тропинке направо вдоль стены, пока не очутился, по его расчетам, в тылу усадьбы, там, где за стеной росли ядовитые травы Умбро. В безоблачном небе мерцали звезды, и внизу светились вдалеке чьи-то окна.

Фредрик стал осторожно спускаться. Кажется, и тут что-то вроде тропы? Порой он спотыкался и скользил по склону, два-три раза сильно поцарапался о колючки шиповника, но в целом все шло нормально, пока он вовсе не застрял в густом кустарнике. Выбрался оттуда на узкую тропинку, но тут же споткнулся о камень и скатился на осыпь. Где и остался лежать.

Высоко над ним, чуть южнее, ярко горел Сириус.

10

Хозяин гостиницы подстригает волосы и бороду, Фредрик Дрюм видит ангелов с трубами и затыкает уши стеарином

Его ноздри расширились, затем сжались. Острый запах… потом кто-то провел по его щеке мокрой шершавой тряпкой — раз, другой, третий.

Он приоткрыл один глаз.

Прямо на него в упор глядел большой желтоватый глаз с овальным зеленым зрачком. Фредрик сел рывком, испуганный козленок отскочил от него на негнущихся ногах и остановился блея.

Он протер глаза и осмотрелся. Площадка, где он приземлился, была со всех сторон надежно прикрыта кустарником и оливами. Два синих каменных дрозда с ржаво-рыжей грудью беспечно пели на ветке у него над самой головой. Где-то внизу кукарекал петух. Одежда была грязная, местами разорванная, сам он основательно поцарапался и ушибся, в правом боку сильно кололо.

— Бе-е-е! — Козленок подошел ближе, и Фредрик машинально протянул к нему руку.

Козленок понюхал ее, облизал. На цветок чертополоха чуть выше на осыпи спустилась оранжево-коричневая бабочка.

Он посмотрел наверх — туда, откуда скатился ночью. Потрогал голову. За ухом справа выросла огромная шишка, боль отдавала в шею, на шишке запеклась кровь. Здорово он трахнулся…

Фредрик моргнул. Сотрясение мозга? Вряд ли. Но сильно хотелось пить. И кололо в боку. Сломал ребро? Очень похоже. Он поглядел на часы. Без четверти восемь. Ишь ты, сколько проспал.

— Гарибальди, — произнес он вслух. — Тебя звать Гарибальди?

Козленок насторожил уши и утвердительно заблеял.

Фредрик определил, что находится на противоположном от селения склоне холма. До подножия оставалось совсем немного. Судя по положению солнца, следовало идти налево, чтобы добраться до Офанеса. С великим трудом он поднялся, опираясь на дерево. Козленок убежал в кусты. Так, ноги идут… Прижимая руку к ушибленному боку, чтобы умерить боль, он высмотрел тропку, ведущую в нужном направлении.

Вскоре вышел на более широкую тропу, натоптанную людьми. Отсюда было видно серое здание школы, которую заняли эмпедесийские сестры. Тропа явно соединяла их обитель с Офанесом. Сейчас ему было не до этих сестер.

Тропа не петляла, и он прикинул, что она должна вывести его на ведущую к замку дорогу несколько выше клиники.

Он верно рассчитал. Отшагав с полкилометра, очутился вдруг на автостоянке, где накануне видел два автомобиля. Они и теперь там стояли — серебристый «лэнсиа» и прокатный «форд эскорт».

Странно. У Ромео Умбро был гость, который не показывался вчера? Или гость приезжал к Джианне Умбро? Впрочем, не обязательно связывать эту машину с замком. Тропа, ведущая к монастырю эмпедесийских сестер? Да мало ли какие еще варианты возможны. Но по следам от колес видно, что «эскорт» стоит тут давно, не один день, а то и не одну неделю. «Лэнсиа» много раз пересекал его следы.

Фредрик осмотрелся кругом. Ни души. У клиники тоже никакого движения. Вроде бы сейчас ему ничто не угрожает, и он благополучно пережил еще одну ночь. Вот только вид такой, словно его пропустили через соломорезку.

Он посидел на камне, отдыхая. Пощупал пальцами запекшуюся кровь за ухом. Все чувства будто атрофировались. «Кастрюлька», Тоб, закупка хороших вин — все отступило куда-то вдаль, стало совсем неинтересным. Женевьева… Мысли о ней ранили душу, однако не вызывали нестерпимой жалости к себе. Фредрик Дрюм не задумывался о своем будущем. Вдохновляющие блики кристаллической звезды, где вы? Он стал твердым, твердым, как зеленый гранит. Чуть больше недели назад приехал в Офанес. А кажется, прошел не один год.

Стоик, неподвластный действию времени. Действию *перас* и *апейрон. Филиа* и *нейкос* — дружбы и ненависти. Единственное, что для него сейчас существовало, — *Эрметика Хирон*, послание смерти, царящая здесь в Umbilicus Telluris, пупе земли, бесшумная смерть, царящая уже свыше двух тысяч лет.

Он посмотрел на крепость наверху. Ромео Умбро безумен, но не настолько, чтобы не соображать. Что-то понял, если назначил Фредрику встречу на сегодня. За ленчем.

«Может быть, — подумал Фредрик, вставая. — А может быть, нет».

Внезапно его осенило. Вдруг дошло значение одного замечания, которое как бы вскользь сделал владелец замка. Фредрик отчетливо представил себе подлинную причину неистового гнева Умбро. Так просто, так банально. И так очевидно! *Но неужели это возможно?*

Возможно.

Он быстро зашагал по дороге вниз. Заглянул в ворота клиники. Тихо, никого не видно. Спустился к разрушенному зданию, решительно перелез через упавшие блоки и вошел внутрь. Проследовал к спуску в подземелье. Прислушался. Ничего — только мухи жужжат.

Спустился по ступенькам. Постоял, давая глазам привыкнуть к темноте. Пошел вдоль прохода, придерживаясь рукой за одну стену. Добрался до двери. Той самой, которую он сжег и которую синьор Пугги отремонтировал. Пугги заверил его, что дальше проход прочно закрыт. Сейчас он бы этого не сказал: несколько досок было оторвано, так что человек свободно мог пролезть внутрь.

Фредрик не стал этого делать. Повернулся и пошел назад.

Выйдя на волю, прокрался к боковой стене. Мертвые животные по-прежнему лежали там. Зловоние и рои мух свидетельствовали, что трупы начали разлагаться.

Фредрик перевалил через бугор за гостиницей. По-прежнему ему никто не встретился. Двери «Альберго Анциано Офани» были открыты. Он вошел.

В вестибюле сидел синьор Гаррофоли, листая какие-то журналы. При виде Фредрика вскочил на ноги и ошарашенно уставился на своего постояльца. Пальцы правой руки нервно скребли подбородок.

— Giorno, — поздоровался Фредрик, улыбаясь.

— Клянусь башмаком святого Петра! Андреа с пяти утра ставит свечи, рыдает и бормочет какие-то непонятные изречения. Я сошел с ума — или вокруг меня все сумасшедшие. Вижу, тебе крепко досталось, синьор, это кто-нибудь здешний?.. — Он не сразу нашел на доске ключ от номера Фредрика.

— Ничего страшного, синьор Гаррофоли. Надеюсь, никто не покушался на мою комнату, я хотел бы отдохнуть несколько часов. И принять душ. Могу я попросить тебя прислать мне завтрак часа через два, скажем, в половине одиннадцатого? — Он подмигнул хозяину.

— Разумеется, синьор Дрюм, у меня респектабельная гостиница, хоть у вас и могут быть сомнения на этот счет. — Он удалился, кланяясь на ходу.

Фредрик тщательно исследовал комнату. Убедился, что Андреа вчера приносила «священника», но, кроме нее, никто не заходил. Тяжело вздохнув, сел на кровать. Спрятал лицо в ладонях. «Скоро, — сказал он себе, — скоро».

Он лежал на кровати, глядя вверх, на перекладины балдахина. Приняв душ и обработав ссадины и ушибы, чувствовал себя не хуже, чем норвежский король Улав

Святой после разгрома под Стиклестадом. И ведь тот при жизни стойко переносил все тяготы.

Голос.

Вчера днем он слышал чей-то голос в помещении за вестибюлем. Голос, как будто никак не совместимый с тем, что здесь происходит. *Или дело обстоит как раз наоборот?* Тогда становятся еще понятнее вспышки Ромео Умбро. Неужели действительно...

Записи Фредрика лежали у него на груди. Он перечитал внесенные туда имена. Многие из них можно зачеркнуть... Он зачеркнул и задумался. Картина вроде бы ясна. Вплоть до одной детали. Эта деталь — смерть. Он не видел логической связи.

Стук в дверь нарушил его размышления. Сам хозяин принес ему завтрак.

— Не хочешь — не отвечай, но все-таки — с тобой случилось что-то серьезное? — Поставив поднос на тумбочку, он отступил и нервно забарабанил пальцами по комоду.

— Ничего серьезного, — ответил Фредрик. — Я сам виноват. Отлично провел ночь под звездами. — Тут же он добавил, пристально глядя на Гаррофоли: — Отвечай коротко и ясно: почему ты боишься эмпедесийских сестер?

Хозяин гостиницы потерянно осмотрелся кругом, продолжая барабанить пальцами, потом прошептал:

— Они возрождают старую веру... Проклятые сектанты. Андреа, моя жена, и... и Иль Фалько, этот взбалмошный старик, они... они повздорили. Андреа хочет...

— Вот именно, — вступил Фредрик. — Андреа поддалась влиянию монахинь, верно? И ты боишься, что

Ромео Умбро отнимет у тебя гостиницу, потому что тебе не хватает духа раз и навсегда покончить со старыми призраками, так?

Синьор Гаррофоли опустил глаза:

— Я... я... многого не понимаю. Последние полгода, последний месяц... Нет, синьор Дрюм, тебе следовало бы раньше приехать сюда. Ты увидел бы совсем другие... — Он не договорил.

— Чего ты не понимаешь? — жестко спросил Фредрик.

— Ничего, синьор, ничего, мне нечего сказать, я уже сам не хозяин в своем доме, пойми, — страдальчески вымолвил бородач.

— Почему ты не пострижешь волосы и бороду? Потому что Андреа желает видеть рядом с собой подобие монаха, приора? *И чего, собственно, добиваются эмпедесийские сестры?* Сдается мне, кое-что тебе известно.

— Это безумие, — пробормотал Гаррофоли. — И я не верю в это ни на грош. Есть старое предание, оно сохранилось с давней, непросвещенной поры, будто бы земля Офанеса освящена кровью из тела Иисуса и будто бы однажды ночью именно отсюда по всему свету разнесется песнь, которая возвестит пришествие Господа и повергнет неверных в прах. Что-то в этом роде. Эти монахи занимались всякими темными делами, не имеющими ничего общего с истинным христианством. — Он перевел дух. — А волосы и бороду я постригу сейчас же! Хватит, пора Джианфранко Гаррофоли показать, кто он такой на самом деле! Больше так продолжаться не может.

Он дернул себя за волосы и стремительно вышел из номера.

Фредрик невольно улыбнулся. Интересно, что теперь произойдет.

Спокойно позавтракав, он углубился в учение Пифагора о совершенстве гармонии.

Полчаса спустя где-то в доме поднялся страшный шум. Какая-то женщина истерически визжала, ей отвечал чей-то бас. Фредрик захватил самое необходимое, вышел из номера, запер дверь и спустился в вестибюль.

Шум доносился из комнаты за стойкой. Он услышал женский плач, потом наступила тишина. Фредрик сел в кожаное кресло, созерцая картину, изображающую Деву Марию с кровью Иисуса. Картина была мрачная.

Внезапно зазвонил телефон на стойке. Тотчас дверь за стойкой распахнулась, и появился хозяин гостиницы. Выглядел он весьма необычно — в правой руке ножницы, голова наголо пострижена, если не считать нескольких свисающих прядей, полбороды сбрито, так что Гаррофоли напоминал недоощипанную утку. Он ошалело озирался, пока остановил взгляд на телефоне и схватил трубку.

Фредрик понял, что близится разрешение загадки.

Гаррофоли запинался, то и дело переспрашивал телефонистку, наконец лицо его прояснилось, и он протянул трубку Фредрику:

— Спрашивают синьора Дрюма. Из Норвегии, — сказал и направился обратно в соседнюю комнату, бормоча на ходу: — Как только найду ключ, немедленно изгоню Дьявола.

Фредрик услышал в трубке голос Дэвида Пирсона. Органист явно был сильно взволнован.

— Я трудился всю ночь, Фредрик. Расшифровал поразительный текст, смею утверждать, что в истории музыки не было ничего подобного. Я обратился к трактату Боэция, перечитал труд Гукбальда «De Institutione Harmonica», написанный в восемьсот девяностом году. Все сходится. Даже анонимные средневековые труды «Musica Enchiriadis» и «Scholia Enchiriadis» подтверждают мои выводы. Перед нами ноты дохристианской эпохи, Фредрик. *Готовое музыкальное произведение!* Ты меня слышишь?

— Отлично слышу, — ответил Фредрик. — Продолжай.

— Ты был прав, когда предположил, что речь идет о невмах, предшественниках известного нам нотного письма. Больше того, это даже *праневмы*, о которых прежде никто не знал, понимаешь? — У органиста срывался голос. — Классические невмы — virga, punctum, podatus, torculus и так далее — развились на основе этих знаков, я совершенно уверен. Я всю ночь глаз не сомкнул, Фредрик, это выдающееся открытие. И знаешь, что у меня получилось? Я попытался прочесть эти знаки, пользуясь системой Гукбальда, и получилось! У меня записана на бумаге мелодия современными нотами. Но... — Пирсон вдруг замолчал.

— Но? — Фредрик затаил дыхание.

— Это странная мелодия, Фредрик. Исполнить ее невозможно. Ходы голоса вверх и вниз такие дикие, что вряд ли пришлись бы по вкусу любителям музыки. Не понимаю вообще, как можно исполнить эту мелодию, слышишь, Фредрик?

— Слышу, слышу. Но, Дэвид, мне невдомек, как ни стараюсь понять, почему это нельзя сыграть ноты, записанные на бумаге? Странно это. — Фредрик поежился.

— Ну, вообще это возможно, но для этого нужен совершенно особенный инструмент, который, как бы тебе объяснить, издает одновременно два различных, но по-своему сопряженных звука. И то получится диковинная мелодия. Во всяком случае, на органе ее не исполнить.

«Силот, — подумал Фредрик. — Священный Силотиан». Вслух он сказал:

— Ты просто гений, Дэвид, приезжай в Осло — поставлю тебе бутылочку сказочного бургундского. А теперь послушай, это очень важно: никому ни слова о том, что ты обнаружил, что открыл. Этот материал еще не публиковался, и было бы нехорошо, если бы общественность была ознакомлена прежде, чем дадут свое заключение итальянские исследователи. Право собственности на эти бумаги принадлежит им, понимаешь?

— Понимаю, Фредрик, понимаю. Само *знакомство* с этими праневмами для меня великое событие. Может быть, я первый их расшифровал, слышишь?

— Слышу, Дэвид, ты первый, поздравляю, эта честь по заслугам. А теперь я должен закончить разговор, тут происходят вещи, которые трудно объяснить по телефону.

— Удачи, Фредрик! — весело пожелал Дэвид Пирсон.

Фредрик медленно поднялся в свой номер. «Конечно, — говорил он себе, — все так и есть».

Учение герметизма. Ermetica Musica. Геката и Персефона, владычицы волшебства и преисподней, начертали Шепот Смерти для Священного Силотиана.

Но Дэвид Пирсон — не первый. Будь он первым, все обернулось бы иначе. Тогда Женевьева и Фредрик теперь, скорее всего, прогуливались бы, держась за руки, по романтическому пляжу в другом конце Италии. А сейчас он здесь, у пупа мира, где земля все еще окрашена кровью.

Около часа Фредрик покинул гостиницу, захватив свои вещи. Но перед тем он позвонил в Римский университет и в Берген. Разговор был очень важный, и услышанное обеспокоило его. Синьор Гаррофоли, чисто выбритый и постриженный, выразил сожаление, что постоялец покидает Офанес именно теперь, когда есть надежда, что все наладится. Фредрик щедро расплатился и помахал ему рукой.

— Отправляюсь прямиком в Осло! — громко крикнул он.

Собирался сесть в автобус до Катандзаро, отправляющийся из Офанеса в десять минут второго.

Фредрик не спеша пересек площадь. Почти все столики кафе синьора Ратти были заняты. Он увидел много знакомых лиц. Остановка автобуса находилась рядом с площадью. Кроме него, здесь никого не было.

Музыка, мрачно подумал он, пришло время Фредрику Дрюму исполнить свой вальс.

Приехал автобус, он вошел и сел за спиной у водителя. После четвертого поворота легонько коснулся его плеча.

— Scusi, fermare!* Я передумал.

---

* Остановите, пожалуйста! *(итал.)*

Шофер покачал головой, остановился у обочины и выпустил Фредрика. Подхватив чемодан, тот живо юркнул в оливковую рощу и зашагал обратно в селение, прячась за кустами вдали от дороги. Он разработал план и примерно представлял себе, куда этот план его приведет. Из-за острой боли в боку вынужден был то и дело останавливаться и отдыхать. Чемодан он нес в левой руке. Наконец увидел впереди дома Офанеса. Зашел с тыла к нужному месту. Осталось пересечь небольшой выгон, огород, и он выйдет к дому синьора Ратти.

Приметив заднюю дверь, Фредрик прокрался к ней и вошел внутрь. Оставив чемодан на лестничной площадке, открыл следующую дверь. Увидел кухню и женщину, которая хлопотала над дымящимися кастрюлями. Синьора Ратти… Он тихонько свистнул и поднес палец к губам, давая ей понять, чтобы не поднимала шума. Она удивленно уставила на Фредрика.

— Scusi, синьора. Я друг вашего мужа. Мне необходимо поговорить с ним. Сейчас же, это очень важно.

Она открыла окошко в стене и позвала супруга. Он вошел, весь в поту, неся дюжину тарелок.

— Синьор Дрюм? — Трактирщик удивленно поднял брови. — Разве вы…

— Совершенно верно. — Фредрик подошел вплотную к Ратти. — Я сделал вид, будто уезжаю в автобусе. А теперь послушай, я скажу тебе одну важную вещь. Тебе, наверно, известно, что здесь, в Офанесе, происходят странные вещи, не просто странные — страшные. Мне нужна помощь, скоро все выяснится. *Но никто не должен знать, что я здесь*, понимаешь?

— Не очень понимаю, но я твой друг. — Ратти улыбнулся.

— У тебя найдется для меня комната и постель на одну ночь? Я хорошо заплачу.

— Запросто. У нас несколько гостевых комнат. Тебе нужна бутылочка хорошего вина, чтобы подкрепиться? Вижу, у тебя что-то серьезное на уме, и бьюсь об заклад, что речь идет и о непонятной смерти двоих совершенно здоровых мальчуганов.

Фредрик кивнул.

— Но никому ни слова. Предупреди жену и дочь, всех, кто живет в доме.

— Naturalmente. Положись на меня! София! — позвал он в окошко.

Дочь не замедлила появиться. Ратти быстро что-то объяснил ей и жене. София застенчиво посмотрела на Фредрика и направилась к двери, через которую он вошел, жестом предложив ему следовать за ней.

— Она покажет тебе комнату, — сказал Ратти.

— И еще… Могу я попросить тебя не запирать заднюю дверь, чтобы я в любой момент мог незаметно выйти и войти?

— Она всегда открыта, синьор Дрюм. Теперь мой дом — твой дом. Пойду за хорошим вином. — Он подмигнул Фредрику.

София провела его в уютную светлую комнату, совсем не похожую на мрачный номер в гостинице синьора Гаррофоли. Электрический свет, голубые обои с херувимами, беленый потолок. Комната помещалась на втором этаже, и лестница спускалась прямо к задней двери дома.

Никаких латинских изречений на стенах.

— Большое спасибо, София, — улыбнулся он.

Она смущенно опустила взгляд:

— Это была моя комната. Я жила здесь до двенадцати лет. Теперь мне двадцать один год. Надеюсь, тебе здесь понравится, синьор Дрюм.

Настала очередь Фредрика смутиться. Он переступил с ноги на ногу, прокашлялся. И ударился в лирику:

— Надеюсь, к обоям пристало что-то из твоих грез. Чтобы и мне сладко спалось в их атмосфере.

Девушка покраснела и вышла.

Не успел Фредрик сесть на кровать, как в дверь постучался синьор Ратти. Он принес бутылку вина, бокал и тарелку макарон. Заверил, что вино — лучшей марки, «Кастелло ди Ама» 1975 года. И тут же удалился, Фредрик не успел даже толком поблагодарить.

«Вино, — сказал он себе, — я нуждаюсь в вине?» На душе было беспокойно и сумрачно. Смогу ли я теперь когда-либо воздать должное хорошему вину? Он налил бокал, выпил. Ему полегчало, комок в груди рассосался, и он успокоился. Подумал о том, что сейчас в кафе его, наверно, ожидает сокол Ромео Умбро. Фредрик договаривался, что они позавтракают вместе. Сокол тоже почуял неладное. Но Фредрик Дрюм обойдется без его помощи. Сокол способен дать волю когтям, и дело закончится еще одним убийством. Фредрик Дрюм не собирался убивать.

Ждать. Лежать на кровати и спокойно ждать. Только когда стемнеет, он может выходить.

Он принялся за макароны, запивая вином. Достал из чемодана туалетные принадлежности и пластырь. Залепил многочисленные ссадины. В правом боку не проходила острая боль. Как будто там засел чей-то кинжал. Черт с ними, с воображаемыми кинжалами, куда хуже двухтысячелетние копья, поражающие насмерть невинных людей.

Он откинулся на подушку и уснул.

Никто его не беспокоил. В пять часов он проснулся, выпил три стакана воды из-под крана и снова уснул. В восемь часов растерянно протер глаза, соображая, где очутился. Понадобилось несколько минут, чтобы уяснить себе — кто он, где он и что должен делать.

Достал маленький фонарик. В ящике тумбочки лежала стеариновая свеча. Отломил два комочка, согрел в руке и запихал себе в уши. Повозился с ними, добиваясь, чтобы не пропускали никаких звуков. Получилось. Тогда он осторожно завернул комочки в носовой платок и засунул в грудной кармашек, едко улыбаясь.

Играйте, музыканты! Фредрик Дрюм приглашает на танец. Держитесь, Персефона и Геката!

Он спустился. В доме было тихо. Семейство Ратти отдыхало в ожидании вечернего наплыва клиентов. Задняя дверь была открыта. Он пересек огород и остановился, зайдя за оливковые деревья.

Постоял, прикидывая, как двигаться дальше. Слабый свет маленького фонарика издали нельзя было приметить. Решил подняться по дуге за гостиницей примерно к автостоянке на склоне холма.

Фредрик обливался пóтом. Было душно, звонко пели цикады. Спугнул несколько коз, которые бросились наутек, громко блея. Где-то поблизости залаяла собака. Он прибавил шагу и вышел наконец на дорогу, ведущую к замку.

Машины стояли на месте.

Он присел за ними, осматриваясь. Боль в боку отдавалась во всем теле, вплоть до ступней. На дороге никого не было — ни наверху, ни внизу. Видно светящиеся окна «ОСПЕДАЛЕ ВИТОЛЛО УМБРО».

Он быстро спустился, прошел через ворота и поднялся по крыльцу в дом. Камин в вестибюле не топился. В первой гостиной сидели за столом двое. Пациенты. Из динамиков струились приглушенные звуки «Адажио» Альбинони. Он поднялся по лестнице на второй этаж. Перед дверью музыкального кабинета остановился, прислушиваясь. Тихо. Открыл дверь и вошел.

Ему не стоило труда высмотреть стеллаж с диковинными инструментами и найти искомое: причудливую конструкцию, нечто среднее между рогом и струнным инструментом. Не разобрать толком, где верх, где низ... Медь, козий рог, струны. Видно, что изделие совсем новое, стало быть, копия.

Силот. Священный Силотиан.

Он осторожно снял его с полки, повертел в руках. Увидел вдруг лежащий за инструментом предмет. Интересно... Нагнулся, приглядываясь. Это была старая мраморная плита, испещренная знаками и рисунками. С удивлением Фредрик обнаружил на плите изображение предмета, который держал в руках. Силот. Рядом — текст. Греческие буквы, под ними латинские и в самом низу... Фредрик отпрянул. *Перед ним были те самые загадочные строки, которые он пытался дешифровать.* Ноты. Невмы. Праневмы.

— Интересуетесь, синьор Дрюм?

Чья-то рука легла на его плечо. Витолло Умбро... Фредрик круто обернулся.

— Полагаю, вам понятно все значение того, что вы видите. Не сомневаюсь, что вы человек проницательный. Что поделаешь, будьте любезны, идите за мной, синьор. — Голос доктора звучал мягко, но достаточно решительно.

— Вы ошибаетесь, доктор Витолло, я пришел не за тем...

Доктор вывел Фредрика за руку в коридор. Потом вернулся в кабинет, забрал диковинный инструмент и старинную плиту и жестом предложил Фредрику следовать за ним.

— Пошли, синьор Дрюм, я вам кое-что покажу.

Они очутились в соседнем коридоре, здесь Витолло Умбро открыл дверь еще одного кабинета. Фредрик нерешительно вошел туда, пропустив вперед хозяина. За спиной доктора он живо достал из кармашка платок и затолкал в уши комочки стеарина. После чего сел в указанное ему кресло.

В этом кабинете была надежная звукоизоляция. Стены обиты толстой материей. Ни одного окна. Посреди комнаты — стол с пепельницей и несколько кресел.

Доктор положил на стол мраморную плиту и копию силота. При этом он все время что-то говорил Фредрику. Не слыша ничего, тот внимательно следил за мимикой говорящего, однако не мог определить — угрожает ему Витолло Умбро или что-то объясняет. Не дождавшись ответа на какой-то вопрос, доктор хлопнул по столу ладонью и сердито показал на загадочные знаки на плите, потом — на силот. Фредрик тщетно пытался понять, что он говорит, но не решался вытащить из ушей стеарин.

В душе он проклинал себя за то, что позвол
стать себя врасплох. Это был явный просчет.

Доктор продолжал что-то говорить, и Фредрик внимательно наблюдал его мимику и жесты. Наконец тот рассердился, судя по выражению лица, и что-то яростно крикнул. Фредрик в ответ только вытаращил глаза.

Внезапно его осенило.

Живо схватив со стола силот, он оборвал все струны. Обезвредив опасное оружие, вытащил из ушей стеарин.

— Что вы сказали, доктор Витолло?

Умбро озадаченно уставился на него, потом откинулся назад в кресле и расхохотался так громко, что Фредрик с благодарностью посмотрел на звукоизолирующие панели.

— Ну, вы и штучка, — вымолвил Умбро, захлебываясь смехом. — Думали, я собираюсь усыпить вас музыкой! Да, вы куда хитрее, чем я предполагал. Поздравляю. Эти комочки, — он показал на стеарин, который Фредрик теперь аккуратно завертывал в платок, — говорят о том, что вы о многом догадались. — Он перестал смеяться, закурил сигарету и продолжал: — Что ж, придется начать сначала. Итак, этот инструмент — копия. Плохая копия, на ней невозможно было играть вообще. Вот как выглядит настоящий силот. — Доктор показал на мраморную плиту. — До наших времен дошел только один настоящий силот. Он принадлежал мне, я получил его в наследство от отца, которому достался инструмент от его деда. До того он хранился в монастыре эмпедесийских монахов. Теперь исчез, украден, и я не удивлюсь, если эти проклятые археологи…

— Вряд ли, — перебил его Фредрик.

Доктор пристально посмотрел на него.

— Похоже, вам многое известно. Слишком многое. Какого черта вы не уехали вместе с Женевьевой? Сидите здесь, пока я не вернусь. Пора положить всему этому конец, пока не приключилось еще большей беды. И так в Офанесе последнее время было чересчур много кутерьмы.

Он встал и вышел из кабинета.

Фредрик поднял со стола мраморную плиту.

— «Кодекс Офанес», — пробормотал он, рассматривая ее.

Доктор вернулся, держа в руке молоток, и сильным ударом разбил плиту, прежде чем Фредрик смог опомниться. Осколки разлетелись во все стороны.

— В порошок, — прошипел Умбро. — Истолку ее в порошок.

Так он и сделал, собирая осколки и стуча по ним молотком.

— Невероятно! — вырвалось у Фредрика.

Завершив уничтожение плиты, доктор Витолло успокоился и посмотрел на часы.

— Вы знаете слишком много, — повторил он. — Но вряд ли вы эйдетик, вы не обладаете фотографической памятью. Мне некогда сейчас все объяснять. Но вы не покинете Офанес, пока я не проверю ваши вещи. У вас есть копия этого проклятого текста! Я уничтожу ее. Постепенно доберусь и до оригиналов в Римском университете. Жаль профессора д'Анджело, но боюсь, вряд ли удалось бы его вразумить. А теперь мне надо уйти, есть важные дела. Вы остаетесь здесь.

— Эй! — Фредрик вскочил на ноги. — Постойте, вам не все…

Витолло толкнул его в грудь с такой силой, что Фредрик упал на пол. После чего доктор вышел и запер дверь снаружи.

Фредрик прижал руки к груди, закашлялся, из уголков рта сочилась кровь.

11

Он расправляется с обитой дверью, наступает на десятую ступеньку и исполняет красивый танец в Гармониуме

Он моргнул раз-другой и попытался встать, но стены, потолок и пол втиснули его обратно в угол. Он кашлял и харкал. Харкал кровью. Вытер рот рукавом рубашки и с ужасом увидел, что рукав стал красным. Почувствовал, как что-то подступает к горлу, как рот наполняется чем-то сладким, противным. Стал судорожно глотать, пока во рту не стало сухо.

Ребро. Ну конечно: сломанное ребро повредило легкое. Может быть, задело важные сосуды. Фредрик застонал, почувствовал, как пот со лба заливает глаза. Едкий пот. Он снова и снова моргал. Наконец ухитрился встать.

Странно. Стоя, он не так сильно ощущал боль в боку. Набрав полные легкие воздуха, выдохнул. Услышал бульканье, и от резкой боли чуть снова не упал. Проглатывая кровь, добрел до кресла. Сел. Попытался дышать спокойно, не делать глубоких вдохов. Полегчало.

Посмотрел на копию силота. С яростью швырнул ее на пол, проклиная себя, проклиная Офанес, проклиная Витолло Умбро.

Доктор кое-что сообразил. Кроме того, что он, Фредрик Дрюм, не может сидеть часами и ждать, когда тот управится со своими пациентами. *Не только Витолло Умбро и Фредрик знали, о чем идет речь.*

Он застонал, вытер кровь с губы. В каком-то смысле дело упростилось. Одно время он опасался, что Умбро — участник страшного заговора. Теперь понял, что тот испуган не меньше него самого. Понял, глядя, как тот расправляется с мраморной плитой.

Плита.

От нее осталась только пыль. Мальчики, которые нашли ее, тоже обратятся в прах. Марко Албелли и Альдо Пугго. И сторож, синьор Лоппо, знавший, где мальчики спрятали свою важную находку, но успевший передать ее на хранение Витолло Умбро. Трое были убиты из-за этой проклятой плиты, позволяющей раскрыть двухтысячелетнюю тайну Офанеса. Плиты с рисунками и знаками. Страшная, давно забытая мудрость. Видимо, эмпедесийские монахи пронесли ее через Средневековье, и тайна строго охранялась от непосвященных.

Теперь непосвященные овладели ею. И были готовы убивать, чтобы владеть тайной единолично. Она сулила чудовищную власть.

Витолло Умбро не жаждал такой власти. Зная, о чем речь, представлял себе последствия. Он не доверял Фредрику Дрюму, и его нельзя было за это упрекнуть. Запирая Фредрика на ключ, он по-своему действовал совершенно правильно. Разве мог доктор доверять прибывшему откуда-то норвежцу, у которого был роман с его пациенткой, который шпионил в его клинике и держал про себя свои соображения? Женевьева права: Фредрик был близорук, словно носорог, ему следовало все рассказать доктору Витолло Умбро.

Теперь вот сидит здесь взаперти.

Сидит, пока где-то неподалеку замышляются безумные действия, способные погубить еще не одного человека.

Над Витолло Умбро нависла смертельная угроза. У него находилась мраморная плита, найденная мальчиками. Откуда убийце знать, что плита уничтожена, убийца не успокоится, пока не уберет и доктора, и Фредрика, пока не завладеет всеми оригиналами и копиями фрагмента № 233 XII из «Кодекса Офанес».

Фредрик снова встал, прижимая рукой больной бок. Подошел к двери; на ней была такая же обивка, как на стенах.

Он достал из кармана перочинный нож. Острым лезвием распорол ткань вокруг дверной ручки, расковырял набивку, добираясь до доски. Накладки вокруг замочной скважины были закреплены обыкновенными винтами. В наборе ножика была отвертка, и он принялся энергично орудовать ею.

Скоро подход к замку был расчищен со всех сторон. Он продолжал резать и ковырять, чертыхаясь, обливаясь пóтом, наконец дал двери хорошего пинка, и она распахнулась.

От непосильного напряжения он был на грани обморока. Выбравшись в коридор, прислонился к стене. Он был весь в поту, тяжело дышал, у него поднялась температура.

На часах было без четверти десять. Время, время…

Фредрик быстро проследовал по коридору к лестнице. Спустился, не оглядываясь по сторонам, пересек вестибюль, отметил, что где-то играют «Весенние голоса». Вышел в темный сад.

Он весь сжался, подавляя позыв к рвоте. Не поддаваться! Не то потеряет сознание... Постояв так несколько минут, взял себя в руки и двинулся дальше.

В голове звучали слова хозяина гостиницы: *«Как только найду ключ, немедленно изгоню Дьявола!»*

Дьявол. Изгнать Дьявола. Только бы Гаррофоли... Фредрик остановился на краю раскопа, высмотрел обломок колонны, на котором сидел, наблюдая за разрушенным зданием. Пришел слишком рано? *Она уже проследовала?*

Пение цикад. Хор цикад в темноте. Внезапно Фредрика осенило, что вечерний хор цикад, вероятно, спас ему жизнь. Силот не мог убивать, когда громко пели цикады. Иное дело — днем, когда солнце стояло высоко и не было никаких иных звуков. Тогда Персефона могла настроить свой инструмент, и враждебные ей люди падали на землю, пораженные незримой молнией.

Он присел на корточки за обломком колонны. Решил подождать еще с полчаса, чтобы потом действовать наверняка.

Его мучила такая жажда, что он готов был пить чистый спирт. Спуститься в кафе Ратти, взять бутылку воды? Нет, он может кого-нибудь встретить. У убийцы есть подручные. Взять хотя бы тех троих, что вышвырнули его из автобуса. Наемные убийцы, люди, готовые на все ради денег. Очень просто в области с давними мафиозными традициями.

Он мерз. Мерз, обливаясь пóтом. Он был ранен, серьезно ранен. *Как, Фредрик Дрюм, справишься?* Сделал попытку улыбнуться и отчасти преуспел.

Почему он не обращается в полицию Кротоне? К местному чину, Нурагусу, идти бесполезно. Он ленив, ни на что не годен и, скорее всего, подкуплен. А его коллеги в Кротоне? Кто их знает. Даже если там честные люди, вряд ли смысл происходящего дойдет до них. А и дойдет, так они до того все запутают, что пропадут улики. В худшем случае будут еще жертвы.

«Умирай, Фредрик, туда тебе и дорога». Он подавил кашель, прижимая руку к груди. И в эту минуту увидел на дороге силуэт.

Она. Женщина шла быстро, решительно. Вот худощавая фигурка юркнула внутрь разрушенного здания. Тут же замелькал отсвет горящей свечи. Пошла к намеченной цели…

Фредрик обогнул угол развалин, почувствовал запах падали, прокрался вдоль стены и кратчайшим путем поспешил через бугор в «Альберго Анциано Офани».

Лампочка над входом горела. Он прислушался, но из гостиницы не доносилось ни звука. Открыл дверь и вошел.

За стойкой сидел и что-то писал синьор Гаррофоли — гладко выбритый и коротко постриженный. Увидев Фредрика, он привстал с раскрытым ртом. Глаза его округлились, и не понять — гримаса страха или удивления исказила его лицо. Наконец, он выговорил:

— Но, синьор Дрюм… мы думали… я думал…

— Все в порядке, — прохрипел Фредрик. — Я здесь. Не шуми и говори тихо, чтобы Дьявол не услышал. — Он не узнавал собственный голос.

Хозяин гостиницы принялся лихорадочно перебирать лежащие на стойке бумаги, смущенный холодным взглядом Фредрика.

— Посмотри, синьор, — прошептал он. — Посмотри, что пришло через несколько часов после твоего отъезда. Из Норвегии.

Он протянул Фредрику телеграмму.

Телеграмма? Фредрик схватил ее, прочитал. Выронил и уперся двумя руками о стойку с такой силой, что сдвинул какую-то доску. И тут его все-таки вырвало. Желудочная кислота, желчь и кровь, смешанные с наполовину переваренными макаронами, хлынули изо рта прямо на бумаги Гаррофоли, сам же Фредрик мешком шлепнулся на пол. Боль была такая, точно лопнула грудная клетка, и перед глазами вихрился красный туман, из которого вырывались, долбя его, словно кувалдой, слова:

«Дорогой Фредрик.

Немеленно приезжай. Вчера после закрытия в окно „Кастрюльки“ бросили зажигательную бомбу. Сильный пожар, все уничтожено. Тоб пострадал, возможна ампутация ступни. Положение серьезное.

Хайрам Г.»

Хайрам Гаруди. Молодой марокканец, полгода назад поступивший к ним младшим поваром.

— Синьор Дрюм? Ты болен, очень болен, я немедленно вызову врача, скорую помощь.

Голос Гаррофоли дошел до Фредрика, и он энергично покрутил головой. Туман рассеялся, он вытер губы и подбородок, тяжело поднялся на ноги. Гаррофоли, съежившись за стойкой, одной рукой схватился за телефон.

— Нет, — простонал Фредрик, — не звони. Все будет в порядке. Постой, у меня просто сломано ребро.

Собравшись с силами, он сфокусировал взгляд на лице хозяина гостиницы.

— У тебя кровь… внутреннее кровотечение. Вот, смотри. Ты можешь умереть, синьор. — Гаррофоли дрожащей рукой показал на блевотину на стойке.

Фредрик снова крутнул головой.

— Подойди, синьор, — сказал он, направляясь в гостиную и опускаясь на стул в углу. — Извини за то, что я тут натворил, но еще могут быть дела похуже. Тебе нечего терять. Пришла пора накрыть зверя, *понял*, синьор Гаррофоли?

Последние слова он прошипел.

Хозяин сел напротив Фредрика. Он весь трясся, точно от приступа Виттовой пляски, и глаза его нервно бегали.

— Где Андреа? — резко осведомился Фредрик.

— Она… она в комнате… где запирается каждый вечер, так что я не могу войти. Ключ… она говорит, что мне еще рано знать, но я слышал голоса, *слышал там голос Дьявола.*

— Дьявол… — Фредрик хрипло усмехнулся. — Бедняга Гаррофоли, с одной стороны, тебе угрожает Дьявол, с другой — Иль Фалько, Ромео Умбро грозится вышвырнуть тебя из гостиницы. У тебя наконец хватило мужества постричься и расстаться с бородой, так не пора ли вообще стать хозяином в своем доме?

— Это не мой дом, — еле слышно отозвался Гаррофоли.

— *Твой.* Стань мужчиной, и он будет твоим. Разве тебе неизвестно, что Ромео Умбро ненавидит слабаков?.. Воды, — продолжал Фредрик. — Неси мне кувшин воды, и мы приступим к действию.

Гаррофоли послушался, вышел, принес кувшин воды и стакан. Он совсем раскис; вели ему Фредрик сейчас поджечь дом, и он, скорее всего, без раздумья выполнил бы приказ.

Фредрик выпил залпом три стакана подряд. Потом встал, убедился, что ноги держат его, и сказал Гаррофоли:

— Пошли!

Отворив дверь за стойкой, он увидел жилую комнату, за следующей дверью находилась кухня. Хозяин гостиницы покорно следовал за ним.

— Куда ведет эта дверь? — спросил Фредрик, указывая на дверь возле чулана.

— Ведет... ведет в спальню, — произнес Гаррофоли; от страха у него зуб на зуб не попадал.

— Что ты дрожишь так? Не можешь внятно говорить, тряпка?! — выпалил Фредрик, поворачиваясь к нему.

Он был на грани срыва, еще немного — и в бешенстве примется крушить все вокруг.

— Спальня, — пропищал Гаррофоли. — Спальня и кельи. Кельи перед спуском вниз. Они заперты.

В просторной спальне была разбросана одежда хозяина, пахло застарелой мочой. В стене между двумя шкафами было видно мощную дверь из каменных блоков на огромных ржавых петлях. В одном из блоков чернела дыра замочной скважины. Фредрик ударил дверь пинком, но только ушиб ногу.

— И у тебя нет ключа?

— Нет. Андреа запирает дверь с той стороны.

— Другие ходы?

Гаррофоли покачал головой:

— Других нет. Туда никак не пройти.

Фредрик приложил ухо к щели между дверью и притолокой. Кажется, слышно чье-то пение? Какое-то слабое причитание? Точно, что-то есть. Внезапно он жестко расхохотался и схватил хозяина гостиницы за грудки.

— Болван, — сказал он. — Конечно же, есть другие ходы. По меньшей мере один, а то и два.

Он круто повернулся, вышел через спальню и кухню в вестибюль, выпил еще два стакана воды, снял со штатива полдюжины ключей и поднялся на второй этаж.

В глубине коридора остановился перед дверью с левой стороны. Она была заперта. Подобрав подходящий ключ, он отпер и вошел. В лицо ему дохнуло знакомой по прошлому разу затхлой сыростью. Он пригнулся, чтобы не боднуть балдахин над кроватью.

— Но, синьор Дрюм... — промямлил идущий за ним Гаррофоли.

— Шкаф, — сказал Фредрик, — отодвинь шкаф от стены.

— Шкаф? — искренне удивился хозяин гостиницы.

Фредрику было не до миндальничанья, и он нетерпеливо подтолкнул Гаррофоли к шкафу, давая понять, чтобы тот, не мешкая, отодвинул его.

Пока Гаррофоли, пыхтя, сражался с тяжеленным шкафом, Фредрик был вынужден присесть на кровать. Он чувствовал, что вот-вот совсем свалится, острая боль пронизывала бок, болела голова, его тошнило, лоб горел. А, черт с ним... Он должен продолжать начатое дело, пока его держат ноги.

Наконец между шкафом и стеной образовался полуметровый просвет. Гаррофоли пыхтел, словно морж.

Но Фредрик с удовлетворением отметил, что глаза его выражают непривычную решимость.

— Загляни туда, — прошептал Фредрик.

Гаррофоли втиснулся в просвет и тут же выбрался обратно, взволнованный и бледный.

— Пресвятая Богородица, — выдохнул он. — Там большое отверстие, целая брешь. Как ты узнал…

Фредрик скривил губы в улыбке и достал из кармана фонарик. Зашел за шкаф. Здесь еще сильнее пахло сыростью. Он посветил. Увидел спускающиеся ступеньки. Сметая рукой паутину, сделал шаг, другой. Здесь явно десятилетиями никто не ходил. Он продолжил спуск по узкой лестничной клетке, слыша, как за спиной сопит Гаррофоли. Три, четыре, пять ступенек… Скоро он окажется на уровне первого этажа. Шесть, семь… Фредрик с великим трудом удержался от чиха. Восемь, девять, десять… Десятая ступенька качнулась под ногой, и он отпрянул назад.

Послышался какой-то шум, голову Фредрика словно овеяло сквозняком, он услышал глухой стук, и на него, хрипя, обрушился сверху хозяин гостиницы.

Каким-то чудом он не потерял сознания. Должно быть, под тяжестью туши Гаррофоли сломанное ребро окончательно распороло легкое, и все же он не потерял сознания.

Выбравшись из-под казавшегося безжизненным тела, он посветил фонариком. Лицо Гаррофоли представляло собой сплошную окровавленную опухоль. Нос смят, верхняя губа разбита, сквозь разорванную правую щеку торчала верхняя скула. Тяжело дыша, Фредрик посветил вверх вдоль лестничной клетки. Десятая ступенька привела в действие страшный механизм: на конце железной цепи качался огромный железный шар. Это он ударил Гаррофоли по лицу.

Фредрик пощупал пульс хозяина гостиницы. Жив... Посветил вниз. Еще несколько ступенек, дальше — площадка. С великим трудом он стащил туда Гаррофоли. После чего стал осматриваться кругом.

Он находился в квадратном помещении. В одной стене — ниша, в нише — глиняный горшок. Фредрик взял горшок, перевернул вверх дном. На пол упало что-то вроде мутовки. Приглядевшись, он обнаружил, что это вовсе не мутовка, а кости. Маленькая человеческая кисть. Детская рука... Он не стал ее трогать, продолжил исследовать помещение.

Увидел деревянную дверь, как будто не очень толстую. Отодвинув задвижку, нажал плечом. Дверь отворилась, жутко скрипя ржавыми петлями. За дверью было помещение побольше, из него в разные стороны вели куда-то два коридора.

Фредрик постоял, соображая, как быть дальше. Прислушался. Тихо. Вернулся к бесчувственному телу Гаррофоли, оттащил его от лестницы и прислонил к стене в полусидящем положении. Опустился на колени возле бедняги и еще раз осмотрел лицо. Здорово ему досталось... Но хозяин гостиницы еще дышал. Выживет?.. Он расстегнул ему воротник и аккуратно положил его на бок. Больше он ничем не мог ему помочь. Фредрик сам еле держался на ногах, пот лил градом, в ушах шумело, губы пересохли и потрескались, в груди сипело и булькало, во рту то и дело чувствовался противный сладкий вкус. Он наклонился и опустил лоб на грудь Гаррофоли, собираясь с силами, чтобы встать.

Внезапно за спиной у него возник какой-то звук.

Он не успел толком повернуться, увидел только чей-то силуэт, и тут же в глазах Фредрика вспыхнул фейерверк, сменившийся густым мраком.

За Эмпедоклом идут полукругом семь юных хористов в коричневых туниках, с факелами в руках, дальше следуют, наклонив голову, монахи в черных рясах, с натянутыми на лбы капюшонами, они напевают монотонную мелодию. За ними идут Одетые в Белое Четыре Грации, красивейшие из красивых, глухонемые, каждая держит в руках силот. Эмпедокл разбрызгивает кругом красную жидкость из кувшина, подходит к алтарю, надевает на голову украшенную полумесяцем митру и, взяв ритуальный меч, чертит в воздухе магические фигуры. Ангелы сфер исполняют в воздухе невидимый танец. В Гармониум вводят осужденного. Ему надлежит пронести через зал двух ядовитых змей с разверстыми пастями и опустить их в тигель с расплавленным золотом. Затем, когда прочие удалятся, Одетые в Белое ударяют по струнам своих инструментов.

«Финиковый соус, — подумал Фредрик Дрюм. — Нашпигованная чесноком баранина с финиковым соусом». Только эти слова вертелись в голове несколько секунд или минут, прежде чем он пришел в сознание.

Он лежал с закрытыми глазами, и в уме рождались другие слова, другие представления. Почувствовал, что задыхается, горло заполнила слизь. Ощутил боль.

— Он двигается.

— Синьор прошел по Забытым Коридорам.

— Его ждет последний танец.

— Дорогой, окажем ему помощь. Наше небо — Небо Света.

— Он мог все испортить.

— Пусть судит брат Эмпедесий.

— Заткнись, бестолочь.

— Я схожу за своим мужем.

— Молчи, скоро все будет кончено.

Фредрик слышал голоса. Мужской, который говорил на ломаном итальянском. Женский — тихий, испуганный, мягкий, умоляющий. Он знал, кто говорит. Ему бы только выплыть на поверхность, тогда...

Он открыл глаза. В воздухе перед ним плясали тени, предметы, духи, чудовища. От болей в голове, груди, спине, шее сжимался желудок, его тошнило, что-то текло изо рта. Он подавился и закашлялся.

Комната... Он напряг зрение. Различил стены с латинскими и греческими письменами, ниши, полки с чучелами животных, сов, летучих мышей, ибисов, со скарабеями и самыми различными священными предметами. В конце комнаты — небольшое возвышение, кровать, стулья, горящие факелы в глиняных кувшинах, скульптуры, изображающие кентавров, сатиров и сфинксов. На подобии алтаря лежала позолоченная мумия, рядом с ней стояли пятисвечные канделябры. Над алтарем висел поддерживаемый двумя змеями огромный гонг. Посреди пола стояла конторка, накрытая материей, расшитой иероглифами. Еще он рассмотрел хрустальную корону, две треноги и три стула вроде тех, которые стояли у ноттингемского шерифа в фильмах о Робине Гуде. Кругом горело множество малых и больших свечей.

Три стула — три человека.

Андреа Гаррофоли, худая, бледная, серьезная.

Джианна Умбро. Сестра. Красивая, словно эфирное создание. Темно-карие глаза ее горели внутренним огнем, правая рука покоилась на плече человека, сидящего между двумя женщинами. В левой руке она держала инструмент. Силот.

Фредрик никогда прежде не видел третьего человека. Мужчина приблизительно его лет, плотного сложения, с широким, но красивым лицом. Светлые брови и светлые волосы...

Арне Фридтьов Лаксдал.

— Ты слышишь меня, Дрюм? — Голос Лаксдала звучал спокойно, негромко.

Фредрик попытался сесть поудобнее. Он полулежал в углу, сырость и холод от камней пола и стен пронизывали его измученное, искалеченное тело. Он проник наконец в эпицентр кошмара. Страшное место, где соединились худшие пережитки Античности и Средневековья, где современная алчность владела рычагами. Его окружали не декорации к кинофильму, а мрачные атрибуты каббалистической древности.

— Может быть, мне следует представиться? — осведомился по-норвежски Лаксдал.

— Не беспокойся, — выдавил из себя Фредрик. И продолжал: — Андреа, твой муж лежит тяжело раненный в одном из коридоров.

Андреа поднялась со стула, испуганно уставилась на Лаксдала.

— Ты ничего не сказал... почему...

— Валяй, уходи, ты нам здесь не нужна. — Лаксдал пожал плечами. — Слабак, которого ты называешь *мужем*, лежит во втором коридоре налево.

Андреа со слезами бросилась туда, куда указал ей Лаксдал.

— Итак, теперь нас трое. Наконец. — Лаксдал покрутил пальцами лежащий на конторке перед ним револьвер. — Умник Дрюм, надо думать, во всем разобрался? Соображает, что я предпочел бы не тратить пулю на его толстый череп, это может вызвать излишний шум, чего я, как тебе известно, предпочитаю избегать.

— Тебе конец, Лаксдал. Я рассказал все Ромео Умбро. В любую секунду он может появиться здесь. — Голос Фредрика звучал не слишком убедительно.

Больше всего сейчас ему хотелось бы уснуть, погрузиться в густой мрак, где нет места ни мыслям, ни боли.

— Ха, ха, ха, — произнес Лаксдал. — Нас не обманешь. Джианна сообщила мне, что ее отец — в Кротоне, вернется только через два дня.

Он написал что-то на листке бумаги, показал глухонемой девушке, и она энергично кивнула.

— Скоро ты попадешь в Гармониум и потанцуешь там под музыку моей возлюбленной. Уж я послежу за тем, чтобы ты не сбился с ритма. Но прежде хотелось бы знать, как ты выяснил, что это я все затеял?

— Мне следовало понять это давно. — Фредрик тяжело дышал и нарочно говорил медленно, чтобы выиграть время, хоть немного собраться с силами. — Ромео Умбро с такой яростью говорил о норвежцах. Сперва я не мог понять — почему. Теперь-то ясно, что ты ходил в замок свататься и получил пинка под зад.

— Только не от Джианны. — Лаксдал широко улыбнулся и обнял девушку одной рукой. — Мы полюбили друг друга с первого взгляда, как встретились во время раскопок.

— Еще мне следовало насторожиться, когда доктор Витолло Умбро при нашей первой встрече сказал что-то вроде того, что никакие знаменитые соотечественники не заменят… Женевьеву. — Он еле слышно произнес ее имя. — Но по-настоящему я заподозрил неладное после телефонного разговора с твоим бывшим коллегой в Бергене, который сообщил, что ты основательно разбираешься в музыке и что ты вовсе не занят на раскопках в той части Италии, где тебя будто бы видели. И уж окончательно я понял, что к чему, когда увидел на стоянке наверху машину, взятую тобой напрокат в Риме, и услышал в гостинице Гаррофоли твою итальянскую речь с норвежским акцентом. Наконец, самое важное: *только четверо были знакомы с фрагментом № 233 XII «Кодекса Офанес»*. Профессор Донато д'Анджело, я, Юханнессен и ты.

Фредрик глотнул, подавляя позыв к рвоте.

— Фрагмент № 233 XII. — Лаксдал взмахнул руками и рассмеялся. — Есть еще фрагменты № 233 X, XI, XIII и XIV. Но о этом известно только *мне*. Я первый развернул свиток и понял значение содержимого. А потому укрыл часть свитка, сказал, что его не удалось восстановить, а д'Анджело получил номер XII. Ха, ха! Если бы знали, какие дивные мелодии содержатся в других фрагментах! Музыка Жизни и Музыка Смерти.

— Алчная свинья! — прорычал Фредрик; ему удалось сесть поудобнее. Во что бы то ни стало надо было сохранять ясность мысли, слушая, что ему говорят, соображая, как отвечать. — Может быть, ты...

Его перебило появление рыдающей Андреа. Она несла ведро с горячей водой, перевязочный материал. С этой ношей нырнула в коридор, где лежал Гаррофоли.

— Ты не хочешь помочь ей? — повысил голос Фредрик.

— К черту этого Гаррофоли! Все равно ему не жить. Что до Андреа, то ее место в монастыре. Я больше не нуждаюсь в ее помощи. Я и Джианна... Как только с помощью ее музыки оба Умбро погрузятся в вечный сон, *мы с ней* станем всем заправлять здесь, в Офанесе. У нас будут замок, виноградники, усадьба — все. И я стану знаменитым, опубликую со своим комментарием сведения о неизвестном ранее философском учении, о фантастических теориях в области музыки, основы которых заложил Пифагор и которые развили Хирон и Эмпедокл, а затем эмпедесийские братья сохраняли традицию со времен Древнего Рима вплоть до наших дней. Мне обеспечена всесторонняя поддержка возрожденного монастыря, его основание — тоже моя идея. Да здравствует Эрметика Хирон!

Властолюбие. Жадность. Слепая любовь к красавице Джианне. Коварство. Безнравственность. Изощренный ум. Отсутствие сдерживающих центров. Смесь этих качеств, это алхимическое зелье — вот суть сидящего перед ним человека. Арне Фридтьова Лаксдала.

— Сколько наемных убийц в твоей шайке? Кем были псевдополицейские, которые столкнули меня с обрыва? Кто убил Донато д'Анджело? *И кто бросил зажигательную бомбу в «Кастрюльку»?!* — У Фредрика сорвался голос.

— Отдохни, болван. Ты все узнаешь, прежде чем отправишься на тот свет. И вытри рот, противно смотреть на эту кровь. — Лаксдал отвернулся, чтобы не смотреть.

Фредрик стер кровь. Его рукава были в красных пятнах. Этак он и вовсе скоро истечет кровью... Он чувствовал страшную слабость, перед глазами будто роились светлячки. Скоро конец...

— Так вот. — Лаксдал закурил сигарету. — Деньги Джоанны пригодились мне. Я щедро платил своим парням, хотя никто из них не видел меня лично. Я надежно застрахован. Эти болваны, что столкнули тебя с обрыва, сицилийцы, разумеется. Они не изучили толком здешнее побережье, думали, ты полетишь прямиком в море. Чертовски досадная промашка. Вообще-то я не так уж и хотел тебя убивать, потому и предоставил тебе шанс вчера уехать домой в Осло. Там один из моих парней бросил в твой ресторан зажигательную бомбу после закрытия, когда все разошлись. Надеюсь, никто не пострадал? Но ты не уехал. Не использовал свой единственный, последний шанс. Я *вынужден* был убрать профессора д'Анджело. Он слишком хорошо разбирался в античных учениях. Мог сложить два и два и получить верный итог. Это покушение было ловко организовано, все грешат на правых экстремистов.

Фредрик сидел с закрытыми глазами. У него не было сил больше слушать. Он не желал больше слушать. Слова Лаксдала доходили до его слуха, словно эхо в металлическом цилиндре, словно вращающиеся диски, которые били по барабанным перепонкам болезненными электрическими разрядами. Но Лаксдал не унимался, упиваясь возможностью хвастать своими подвигами перед человеком, который никому уже ничего не расскажет.

— Офанес — в самом деле Umbilicus Telluris, пуп земли. Он стал им с незапамятных времен. Посмотри на эту надежно скрытую келью — здесь есть почти все необходимое, чтобы постичь, *по-настоящему* постичь знания, которые добыли античные мудрецы и которые утрачены современной цивилизацией. Коридоры, ходы — архитектурный шедевр, скрытый от глаз под землей. Только избранные будут посвящены. Эмпедесийский орден снова станет большим и могущественным. Его песни и музыка прославят его. Но только *мне* известна сокровенная тайна этой музыки, только я знаю аккорды, дарующее подлинную власть. Эту тайну я и мои потомки будем охранять, восседая в замке на холме. Сокол будет изгнан, его заменит Орел.

Если бы Джианна могла слышать, и если бы она понимала норвежский язык, она поняла бы, что влюбилась в безумца, одержимого злыми чарами. Но глухонемая Джианна, должно быть, восхищалась им, *веря*, что из его уст выходят одни только красивые слова. Фредрик сейчас, хоть и слышал его, уже ничего не воспринимал.

— То, что нашли эти юные дурни и сторож, синьор Лоппо, могло все мне испортить. Из разговоров людей я понял, что сделана важная находка. Сторож, старый болван, видимо, где-то ее закопал, но я постараюсь, чтобы она больше никогда не была обнаружена. Ха, ха. Ты слушаешь, Фредрик Дрюм? Нет? Тогда пора тебе отправиться в последний путь. Давно в Гармониуме не звучали такие мелодии. — Он взял револьвер, встал, повесил на плечо сумку с ремнем и подошел к Фредрику.

Один глаз Фредрика был открыт. Верхнее веко завернулось, и он никак не мог его закрыть. И Фредрик увидел над собой фигуру Лаксдала. Сильные руки схватили его и поставили на ноги. Он убедился, что они его еще держат. Почувствовал, как Лаксдал толчками заставляет его шагать по какому-то коридору. Факелы... Свечи... Фредрик рассмотрел идущую навстречу женщину. Она испуганно прижалась к стене, пропуская их. Он что-то вспомнил.

— Андреа, — прошептал он, опираясь на ее плечо, — надеюсь... надеюсь, твой муж жив. Спасибо... спасибо за предупреждения. Латинские изречения... morituri te salutant... Я знаю, ты опасалась за мою жизнь... хотела, чтобы я уехал, верно?

Складки на лице Андреа разгладились. Она слабо кивнула. По одной щеке покатилась слезинка. Фредрик поднял руку и осторожно стер ее.

— Вперед, болван, не задерживайся! — Лаксдал вскинул в руке револьвер.

— Андреа... обещай мне... ты не будешь монашкой... я слышал ночью твое пение... за дверью, там, за шкафом... ты горюешь... вы с мужем не подходите друг другу... Этот ядовитый порошок на жаровне... я тебя не подозреваю... Это Лаксдал, верно? Это он испугал твоего мужа...

— Шевелись, черт возьми!

Сильный толчок в спину заставил Фредрика шагнуть вперед. Каким-то чудом он удержался на ногах.

Подземные переходы... Факелы и свечи в горшках и чашах... Внезапно он уперся в тяжелую каменную дверь.

— Открывай! — Лаксдал ткнул его в спину дулом револьвера.

Не поддается... Слишком тяжела... И Фредрик сел на камни. Безучастно воспринял сильный пинок в бедро.

— Встать, дохлятина! — заорал Лаксдал так, что в коридорах отозвалось эхо.

Наклонясь над Фредриком, он открыл дверь.

Фредрик пополз вперед на четвереньках. Наткнулся на торчащий из пола ржавый стержень. Поднялся. Рассмотрел, что впереди, между лужицами воды и снующими крысами, торчит сплошной лес железных пик метровой длины. Смутно припомнил, что уже видел их раньше. Видел сверху. Со стены.

Гармониум.

За спиной его раскатился хохот Лаксдала. Мимо проскользнула, точно эльф, Джианна и исчезла где-то впереди, у стены.

— За ней! Взбирайся наверх! Я — за тобой. — Лаксдал подтолкнул Фредрика вперед.

Фредрик нащупал железную скобу. Взялся за нее, попытался встать. Словно раскаленное копье пронзило его от груди до пяток; глаза слипались от дикой головной боли. Не в силах думать ни о чем, он стал карабкаться вверх — скоба за скобой, метр за метром — зная только, что будет пронзен насквозь пиками, если сорвется. Он не боялся умереть, но почему-то ему претила *такая* смерть. Наконец зацепился пальцами за край кладки и выбрался наверх.

Лаксдал перешагнул через него. Зажег факел на стене над узкой кладкой. Под факелом, на маленькой площадке, напоминающей сцену, стояла Джианна. Она смотрела куда-то в пустоту, прижимая к груди силот.

Лаксдал снова перешагнул через Фредрика, направляясь вдоль кладки к двери, той самой, которую Фредрик сжег и синьор Пугги отремонтировал. Несколько досок свободно болталось — здесь каждый вечер проходила Джианна, спустившись из замка, чтобы навестить возлюбленного.

Это она несла свечу, за которой следовал Фредрик. Давным-давно. Неделю, месяц, год назад?

Лаксдал остановился в двери, преграждая выход. Плечистый, плотный, с дьявольской улыбкой на губах. Достал из своей сумки наушники, повесил себе на шею.

— Вставай, Фредрик Дрюм! Сейчас будешь танцевать! — Голос Лаксдала раскатился в пустоте, высоко наверху заметались летучие мыши. — Ты — в Гармониуме. Здесь исполнялась музыка — высочайшая, чистейшая музыка. Музыка жизни, музыка смерти, звуки, сливающиеся в аккорды, которые казались нам невозможными. Но Пифагор знал толк не только в геометрии. С помощью этого уникального инструмента, на котором моя возлюбленная так замечательно играет, с помощью силота они создавали созвучия, воздействующие на окружающее, в том числе на мозг человека.

Фредрик слышал его слова. Зная, что теперь произойдет, напряг до предела свое внимание. Он лежал съежившись и незаметно для Лаксдала ухитрился достать из грудного кармашка комочки стеарина. Дрожа, с трудом поднялся на колени, поднес руки к вискам.

— Думаю, тебе известно, что определенными звуками можно разбить стекло? Что ультразвук обладает необычными свойствами? Так вот, известные эмпедесийским монахам аккорды древних греков не менее поразительны, они способны убить человека! — пронзительным голосом вещал Лаксдал. — Способны заставить человека плясать — хочет он того или нет. Сказание о гамельнском крысолове не так уж далеко от истины, но греки намного его превзошли! Здесь, в Гармониуме, осужденные подвергались испытанию. Их заставляли танцевать. Виновные срывались с кладки вниз, прямо на острые пики, ха, ха! Сейчас Джианна сыграет di thyrambe, так в Древней Греции называлась песнь в честь Диониса. А потом она...

Голос Лаксдала пропал. Фредрик медленно выпрямился, не сводя глаз с говорящего. Комочки стеарина легли на место. Он видел своего безумного соотечественника в колдовском свете факела, горевшего на противоположной стене. Видел, как открывается и закрывается рот, словно акулья пасть, видел колючие глаза под светлыми бровями. Видел револьвер в правой руке безумца.

Рот закрылся. Левая рука Лаксдала подала знак Джианне. Затем он быстро надел наушники. Теперь все трое были одинаково глухи. Теперь пусть звучит музыка...

Фредрик повернулся лицом к Джианне. Она стояла на возвышении, точно богиня, точно неземное создание. Вот поднесла силот ко рту, перебирая пальцами струны. *«Ты умеешь играть, — подумал Фредрик. — Так ты играла, сидя на винограднике возле раскопа. Так отправила на тот свет двоих мальчуганов. Так отправила на тот свет синьора Лоппо. Животных, которые находились поблизости. Там были животные: собака, кошки, свиньи, козы, их тоже убила твоя музыка. Кто сложил их трупы у боковой стены разрушенного здания? И ты сидела днем, когда мол-*

чали цикады, подстерегая меня. Но я видел, видел тебя, Персефона, я видел, когда сидел высоко на склоне и ел сардины. Знаешь ли ты, что играешь? Лаксдал тебе объяснил? Ты Персефона — или же ты горемычная дочь синьора Ромео Умбро, которую отец держал на коротком поводке и которая теперь мстит, связавшись с бандитом? Кто ты, Джианна Умбро?»

В голове Фредрика вдруг прояснилось. Тишина, затычки в ушах умерили боль. Он видел, как играет Джианна, смотрел на нее в упор, но не видел никаких чувств в ее глазах. Ни страха, ни тревоги, ни радости, ни вдохновения... Стоя на маленьком возвышении в двух-трех метрах от Фредрика, она исполняла свой коронный номер, ничего не чувствуя, ничего не слыша.

Он шагнул к Джианне, упорно глядя ей в глаза и не успев толком осмыслить, что делает, одной рукой вырвал у нее силот, другой схватил факел и бросил то и другое вниз, на железные пики.

В кромешном мраке он извлек из ушей затычки и упал плашмя на кладку. Услышал яростную брань, затем грохот выстрелов. Что-то обожгло ему спину, кругом свистели рикошеты. Запахло порохом, раскаленными камнями, и вдруг на него что-то упало. Отползая, он задел рукой чью-то голову — голову Джианны, простреленный влажный, горячий висок. Джианны, убитой пулями возлюбленного. Он отдернул руку, прополз по кладке вперед и замер.

Тишина.

Напрягая зрение, он попытался что-нибудь рассмотреть там, где находилась дверь, где стоял Лаксдал. *Что-то там движется?* К нему приближаются осторожные шаги?

Да, вот они — шаги. Совсем близко. И слышно возбужденное частое дыхание. Потом он рассмотрел ботинок, ногу. Из последних сил метнулся вперед, схватил эту ногу и дернул — сначала к себе, потом вправо.

Жуткий крик прорезал темноту, когда Арне Фридтьов Лаксдал сорвался с кладки. И тут же смолк, сменившись противным звуком, когда тело упало на пики в пяти метрах внизу. Этот звук напомнил Фредрику шипение проколотой шины. Затем послышалось что-то вроде кашля, после кашля — протяжный хрип.

Наконец стало совсем тихо, и Фредрик закрыл глаза.

Прошло немало времени, прежде чем он поднялся и добрел до двери, опираясь рукой о стену.

Все…

12

Фредрик Дрюм описывает на площади четыре круга, видит в бутылке Умбро, отправляется собирать яйца и улыбается Софии

Собака возле церкви яростно облаяла человека, который брел, шатаясь, через площадь. Но Фредрик Дрюм не видел ни собаки, ни церкви. Он описывал на площади круги, механически ставя ноги на старую брусчатку, круг за кругом, на каждый у него уходило несколько минут, и после четвертого круга, когда часы на церковной башне пробили два, он круто свернул налево и исчез за домами.

Забрел на чей-то огород, споткнулся о кучу компоста, упал и остался лежать. С губ его срывались какие-то хриплые звуки, они складывались в слова — что-то вроде «финики» и «косуля». Потом он рассмеялся и показал язык созвездию Ориона. После чего закрыл глаза и притих. Грудная клетка вздымалась часто и неровно. По ноге ползла улитка.

Через несколько часов он резко поднялся. Увидел огни. Много огней. Его окружили какие-то люди с факелами. Он громко закричал и снова распластался на земле.

Рассвело. Он по-прежнему лежал на земле. Услышал, как заводится чей-то автомобиль. Услышал детский смех, стук захлопнувшейся двери. Бой часов — восемь ударов. Кто-то что-то кричал. На каком языке, кажется, на итальянском?

На итальянском?

Он подавился смехом, закашлялся. В груди щекотало. Настроился чихнуть, но ничего не вышло.

Вдруг ему стало холодно. Так, что зуб на зуб не попадал. Но вставать не хотелось. Он слышал разные голоса.

Симмий что-то толковал о душе. *Красис*, сказал он. Фредрик кивнул. Но противоположности грозили все разрушить. *Перас* и *апейрон*, предел и беспредельное. Не говоря уже о самом худшем — *гармониуме*. Фредрик опять кивнул.

Пить из чаши запрещено! Кровь Иисуса!

Virga, punctum, podatus, clivis, scandicus, climacus, torculus, porrectus. Разумеется, все записано и истолковано, иначе быть не могло. Голос в голове Фредрика звучал громко и твердо, и он не собирался возражать.

Эжен Ионеско побрился и постригся, после чего подстрелил из ружья ворону. «Ex nihilo nihil», — сказал он Фредрику и начертил в воздухе тетраграмматон. Фредрик невольно рассмеялся, глядя на этого чудака, и ответил цитатой из Тертуллиана.

Все говорили с ним, и ему вовсе не было больно. Только бы кошки слезли с груди, не мешали дышать!

«Хочешь посмотреть мой сад с целебными растениями? Здесь растет трава философский чертогон, которой Хайдеггер отведал перед тем, как придумал дивное слово „Jevereinigkeit“. После чего четыре недели просидел в сор-

тире, где и умер, веся неполных двадцать два килограмма». Ромео Умбро смотрел на него из бутылки. Лицо его было искажено кривизной стекла. Как он ухитрился забраться внутрь через горлышко? Фредрик никак не мог себе представить, как ему это удалось, даже не обронив шляпы. Правда, ружья в руке не было.

Он сел. Кусты не позволяли разглядеть, что происходит кругом. Он посмотрел на рубашку, на рукава, коричневые от запекшейся крови и блевотины. Наморщил лоб и вдруг сообразил.

— Лаксдал, — произнес он вслух. — Лаксдал мертв.

После чего вновь погрузился в горячечное забытье.

Около десяти часов дня Фредрик поднялся на ноги. Удивленно осмотрелся. Незнакомое место... Где дом синьора Ратти, где уютная комната с голубыми обоями и трубящими херувимами? Где он находился все время? Скоро поедет домой?

Домой.

Это слово все поставило на места, и он сразу все вспомнил. Вспомнил Женевьеву. Телеграмму от Хайрама Гаруди. «Кастрюлька» сожжена. Тоб серьезно ранен. Все, чем он дорожил, пропало. Зачем ехать домой? У него нет дома.

Он зашагал, продираясь сквозь помидорную ботву, спотыкаясь о тыквы. Шум в ушах и затруднения с дыханием вынудили его прилечь на землю. Тут же он встал и побрел наугад дальше. Вдруг увидел знакомые места. Вот дом синьора Ратти. Синьора Ратти, владельца винного погреба. Вот дверь, она открыта. Хочешь — входи хоть сейчас.

Он постоял, смеясь. Смех был беззвучный, внутренний. Им не поймать его, черта с два! Он — неуловимый яйцекрад. Соберет целую кучу яиц калабрийского сокола.

Круто повернув кругом, он углубился в оливковую рощу. Упорно шагал вперед, распугивая коз и мулов. Учтиво поздоровался с двумя крестьянами, которые сгребали в кучу хворост. В голове прочно засела картина — красивая скальная полка, на полке мир и покой, далеко внизу — зеленая морская гладь. Он будет сидеть на этой полке, будет отдыхать.

Несколько раз он останавливался. На мгновение мысли его прояснялись. И он сознавал, что все кончено.

У него нет больше «Кастрюльки».

Она видела его.

Поднялась с завтраком в комнату Фредрика и не застала гостя. Постель была не тронута. Поставив поднос на тумбочку, подошла к окну. И увидела на огороде размахивающую руками жалкую фигуру.

София Ратти поднесла ладони к щекам, с трудом удержавшись от крика. Фигура на огороде принадлежала синьору Дрюму из Норвегии. Он был весь в крови, одежда изорвана, у него подкашивались ноги. Симпатичный, скромный синьор Дрюм! Она увидела, как он вдруг повернулся и пропал за деревьями.

София сбежала вниз по лестнице, выскочила во двор. Синьор Дрюм исчез. Она замерла на месте в растерянности. Потом решительно пошла через огород к оливковой роще. Она потеряла его из виду. Встретила старика Северо, который сгребал хворост. Он покачал головой и показал рукой вдаль.

Наконец она снова увидела его. Он шел зигзагами через луг. Вот пересек дорогу. Девушка побежала, ей стало ясно, что с норвежцем случилось несчастье и он бродит кругом, не помня себя.

— Синьор Дрюм! — крикнула София.

Но он упорно продолжал шагать. Вот снова пересек дорогу. Споткнулся, упал в канаву, тут же встал и пошел дальше. Прямо к обрывам, к высоким скалам над морем.

— Синьор Дрюм, подожди, остановись, там опасно! — Их разделяло всего несколько сотен метров.

В начале откоса перед обрывом он упал на колени. Потом стал ползти. Он полз вперед на четвереньках, но силы явно оставляли его. Наконец он застыл на месте.

Она упала на колени рядом с ним. Перевернула его на спину. На нее смотрели серо-голубые, горячечные, но удивительно ясные глаза. Он улыбался.

— Plaudite, cives… — Ветер унес его голос.

Послесловие автора

Не так давно при археологических раскопках у Геркуланума, в пяти километрах к югу от Неаполя, в Италии, было найдено нечто, на первый взгляд напоминающее древесный уголь. На всякий случай обратились к экспертам, и оказалось, что обугленные комочки — древние свитки. Но можно ли их развернуть?

Два норвежца, Брюньюльф Фоссе и Кнют Клеве, разработавшие надежный, как им казалось, метод, предложили археологам свои услуги. В 1985 году фотографии Фоссе и Клеве печатали на страницах большинства итальянских газет, их объявили чуть ли не национальными героями. Мало того, что они сделали, казалось, невозможное: развернули свитки, так что их можно было читать, — тексты на свитках были такими сенсационными, что *во многом пришлось переписать главы истории философии, посвященные учению Эпикура!* Норвежские исследователи сделали достоянием современности библиотеку тестя Цезаря!

Работа над обугленными древними свитками продолжается, и пройдет еще не один год, прежде чем все тексты будут прочитаны. Сейчас Фоссе и Клеве готовят к прочтению бумаги Лукреция, они нашли также неизвестные произведения предшественника Вергилия, римского поэта и драматурга Энния (239–169 до н. э.). Возможны новые, не менее сенсационные открытия.

Между трудами названных исследователей и фабулой этой книги нет прямой связи; события и действующие лица — плод авторской фантазии.

Хокксюнд, 15 января 1990 года

Содержание

Литературно-художественное издание
Скандинавский детектив

Герт Нюгордсхауг

КОДЕКС СМЕРТИ

Генеральный директор *С. М. Макаренков*

Шеф-редактор *Т. Соловьева*
Ответственные редакторы *Т. Перминова, П. Белитова*
Художественный редактор *Т. Перминова*
Корректор *Т. Никонова*
Верстка *М. Залиева*

Подписано в печать 08.10.2021.
Формат издания 84×108 1/32. Усл. печ. л. 15,8.

Издательство «Пальмира».
197183, Санкт-Петербург, Сестрорецкая ул., д. 8, лит. А, пом. 19-Н.

ООО Группа Компаний «РИПОЛ классик».
109147, Москва, ул. Большая Андроньевская, д. 23.
www.ripol.ru

Акционерное общество «Т8 Издательские Технологии».
109316, Москва, Волгоградский пр., д. 42, корп. 5.
Тел.: 8 (499) 3223830.
www.letmeprint.ru

16+

Знак информационной продукции согласно
Федеральному закону от 29.12.2010 г. № 436-ФЗ.